名师名校名校长

凝聚名师共识
回应名师关怀
打造名师品牌
培育名师群体

朱永远影

欧光琳　王蓉 / 主编

中职
劳动技能
实践研究

中国文联出版社

目 录

认识劳动

学习目标

1. 了解劳动的含义和基本分类。

2. 体认劳动不分贵贱，尊重普通劳动者。

3. 在实际劳动中体会劳动创造幸福生活。

理论学习

一、劳动的含义

《现代汉语词典》中解释：劳动是人类创造物质或精神财富的活动。从马克思主义哲学的视角看，劳动是人有意识地、自觉地改变环境、改变世界的活动。恩格斯在《劳动在从猿到人转变过程中的作用》一文中指出："在一定意义上说，劳动创造了人本身。"可见，劳动促进了从猿到人的转化，是人类社会赖以存在的前提。

二、劳动的种类

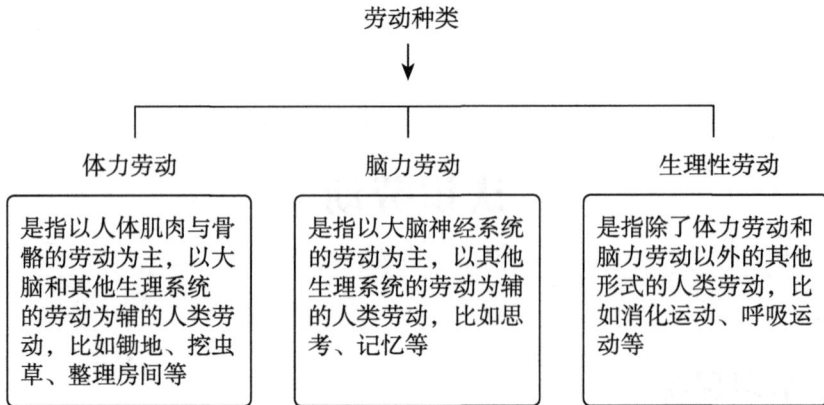

劳动种类

↓

体力劳动	脑力劳动	生理性劳动
是指以人体肌肉与骨骼的劳动为主，以大脑和其他生理系统的劳动为辅的人类劳动，比如锄地、挖虫草、整理房间等	是指以大脑神经系统的劳动为主，以其他生理系统的劳动为辅的人类劳动，比如思考、记忆等	是指除了体力劳动和脑力劳动以外的其他形式的人类劳动，比如消化运动、呼吸运动等

图 0-1-1　劳动的种类

依据劳动所依靠的主要运动器官的不同，分为体力劳动、脑力劳动和生理性劳动。三种类型的劳动是相互依存、相互促进、互为补充的辩证统一关系。

说一说：

你认为劳动有贵贱吗？为什么？

三、新时代劳动观

（一）劳动无贵贱之分

劳动是人类征服自然世界直接的、唯一的手段。通过劳动，人类从盘错交织的大森林走向了广袤的陆地，从食不果腹、衣不蔽体走向了"吃好穿美"，从愚昧无知的远古走向了璀璨的现代文明。我国著名教育家陶行知曾创作过一首儿歌："人有两件宝，双手和大脑……一切创造靠劳动，劳动要用手和脑。"可见，人类的生存和发展都离不开劳动。

但是今天，有人认为，当农民，面朝黄土背朝天，不仅挣钱少，还不体面；当工人，起早贪黑，忙忙碌碌，太辛苦……实际上，劳动没有高低贵贱之分，只有社会分工的不同。无论是脑力劳动还是体力劳动，都是社会和人民需要的劳动，无论是知识分子还是农民或工人，都是平等的劳动者。虽然每个人所处的岗位不同、从事的劳动不同，但都在为实现伟大复兴的中国梦贡献力量。只要是在岗位上追求自身成长，追求工作的成就感、价值感，那他就是这个时代躬身入局的人，是这个时代的创造者，值得我们所有人学习和尊敬。

（二）倡导苦干、实干、巧干

辛勤劳动就是要苦干。古有夸父追日、精卫填海，今有中华儿女为实现中华民族伟大复兴中国梦进行长达180多年的追梦执着，中华儿女用实际行动诠释着苦干精神。苦干，就是要树立正确的苦乐观，以苦为荣、以苦为乐，正视困难、藐视困难，不怕苦、敢吃苦、能吃苦，以顽强的精神和钢铁般的意志去战胜困难，创造美好生活。

诚实劳动就是要实干。空谈误国，实干兴邦。伟大的梦想和美好的蓝图要想变成现实，就要靠勤劳、汗水、务实的行动来铺就和连接。没有耕耘，一切都是浮云。"千里之行，始于足下。"当代中职生要想完成远大的目标，首先要做的是专注于当下的点滴，做好一次练习，学会一个技能，掌握一门技术……积跬步以至千里。

创造性劳动就是要巧干。巧干，是办事有独创性、有办法和想法、做法上灵巧，是提高劳动效率的有效路径。鲧治水，逢洪筑坝、遇水建堤，一律"堵"字当头，无功而终。禹治水，开九州，通九道，陂九泽，度九山，疏通河道，因势利导，终克水患。可见，一味蛮干，往往会"竹篮打水一场空"，既付出了无数的心血和汗水，又得不到应有的结果和实效。因此，只有在苦干实干的基础上巧干，以创新不断填补空白，推陈出新，才能得到满意的收获。作为新时代的劳动者，不仅要有干劲、有力量，还要有技术、有智慧，肯学习，爱思考。

📖 劳动实践

"向校园劳动者致敬"实践活动

在我们的校园里，有这样一群人：他们默默无闻，起早贪黑，勤勤恳恳地做着平凡的工作，他们默默坚守，兢兢业业，他们不是教师，却有着一颗爱校爱生的心，只为给学生营造一个安静、整洁、安全的校园环境。她们是与晨光同起，与星空共眠的宿管阿姨；她们是轻轻地来，悄悄地带走垃圾的保洁阿姨；他们是24小时轮值，保校园平安的门卫大叔……他们是那些无私奉献的劳动者们。

请以小组为单位组织一次"向校园劳动者致敬"的主题活动，选择校内一个普通劳动者群体，用一束鲜花，用实际的劳动，用感谢的话语……用你们最特别的方式向他们致敬。活动过程用图片、短视频的方式记录。

📖 任务评价

表0-1-1 "向校园劳动者致敬"劳动实践评价表

类别	内容	得分标准	自我评价	组内评价	教师评价	总评
任务标准	劳动观念	A.发自内心地认可团队的劳动成果。 B.认可自己的劳动成果，理解团队的劳动成果。 C.否认团队的劳动成果，指责团队成员				
	劳动精神	A.积极承担致敬劳动，主动建言献策。 B.承担部分致敬劳动，努力付诸行动。 C.不主动承担致敬劳动				

续 表

类别	内容	得分标准	自我评价	组内评价	教师评价	总评
任务标准	劳动形式	A.致敬形式新颖,有创新。 B.致敬形式常规,有借鉴。 C.致敬形式模仿,无创新				
	劳动效果	A.给劳动者带来了感动。 B.一般。 C.劳动者无感触				
说明	AAA——优秀;AA——良好;A——合格;无A则加油					

📖 成果展示

请将"向校园劳动者致敬"的活动过程拍照或制作成视频在班级群中进行分享。

📖 实践感悟

通过这次致敬活动,你对校园劳动者有什么新的认识?

_____

_____

📖 拓展

爱岗敬业的城市"美容师"

——记阿坝州劳动模范杨满英

杨满英,九寨沟县人,一名普通环卫工人。从事环卫工作12年来一直坚守岗位，对事业执着追求，对工作积极负责，从一名普通环卫工人一步一个脚印地走到现在的环卫班组长，诠释了小人物发光发热的事迹。

"刚开始是为了减轻家庭负担，但这些年下来，越来越热爱这份工作，让我实现了自己的人生价值。清扫工作虽然很辛苦，但是每天看到自己管辖的区域内干干净净的，心情就很舒畅。"杨满英说道。

杨满英从扫地员到园林工到现在的班组长，无论在哪个岗位，"爱岗敬业"都是同事们对她的评价。近年来，随着党和政府对环境治理工作要求的不断提高，环卫工作量不断加大，环卫工人付出的辛劳更多。每天清晨6点，当整座城市还未完全苏醒过来时，杨满英就要和工友们开始一天的工作。杨满英作为班组长，每天要对辖区范围进行巡查，督促做好垃圾收集点清运工作。疫情防控期间，杨满英依然坚守岗位，维持环境卫生、消毒等工作，为抗击疫情贡献着自己的力量。她管辖内的环境卫生工作也赢得了市民纷纷点赞。杨满英告诉笔者："工作12年来，一切都在变好，自己付出的都值得。"

杨满英是一名优秀的环卫工人，是一个称职的城市"美容师"，更是我州环卫战线上的一面旗帜，她在平凡的岗位上做出了不平凡的业绩，用青春和奉献谱写了一曲爱岗敬业、无私奉献者之歌。

（摘自《阿坝日报》）

思考：

了解了杨满英的事迹，结合本课所学，谈谈你认为该如何做一个新时代的劳动者？

传承劳动精神

📖 **导言**

　　劳动是人类进步的源泉。中华民族几千年的文明，正是中国人民热爱劳动、善于劳动创造的历史。时代在变迁，社会在发展，一代代的工匠、一个个的劳模，散发出一道道的光亮，开创了中国特色社会主义新时代。

机电神医——刘源

　　重庆长安汽车股份有限公司维修电工、高级技师、电气高级工程师刘源，对机电设备原理和各类故障有着敏锐的洞察能力和高效的解决能力，掌握了电子、电路、自动化、机械等多个领域的维修知识和技术，被誉为"机电神医"。

　　从小就看着父亲摆弄各种电子元器件，渐渐对电器维修产生了兴趣。15岁左右，他正式"拜"父亲为师，系统学习电器维修，从最基础的认识电阻、电容、晶体三极管学起。中专选择了电子电器专业。16岁时，他子承父业进入长安厂，成为一名维修工人。

　　从工人到国家级技能大师，从学者到培育师。他攻克了一个又一个技

2. 诚实劳动

劳动是推动人类社会进步的根本力量。幸福不会从天而降，梦想不会自动成真。人世间的美好梦想，只有通过诚实劳动才能实现；发展中的各种难题，只有通过诚实劳动才能破解；生命里的一切辉煌，只有通过诚实劳动才能铸就。劳动创造了中华民族，造就了中华民族的辉煌历史，也必将创造出中华民族的光明未来。

3. 埋头苦干

劳动精神激励人们不仅要"眼望星空"，即热爱劳动、开创未来、憧憬美好生活，更要脚踏实地、埋头苦干、成就美好人生。劳动能够创造财富和幸福的前提是，劳动不仅要"心动"，更要"行动"。

4. 默默奉献

默默奉献的劳动精神，体现了广大劳动群众的崇高境界和伟大品格。我们要从小热爱劳动、热爱创造，通过劳动和创造播种希望、收获果实，也通过劳动和创造磨炼意志、提高自己。

5. 保持干劲

干劲反映了广大劳动群众劳动的积极性、主动性、创造性。这种干劲，是广大劳动群众热爱劳动、开创未来、埋头苦干、默默奉献、坚定信心劳动状态的集中体现。习近平总书记强调，实现中华民族伟大复兴的中国梦，要靠各行各业人们的辛勤劳动。现在，党和国家事业空间很大，只要有志气、有闯劲，普通劳动者也可以在宽广舞台上展示自己的人生价值。许多劳动模范平凡而感人的事迹，都充分说明了这一点。

二、劳模精神的时代价值

劳模精神是一种时代精神。劳模精神是劳动模范通过劳动行为和道德风范的体现得以表彰认可，是劳模在社会实践中所展现的价值观念、道德风范、精神面貌和行为准则的高度统一。

1. 体现了社会主义核心价值观

职业精神、进取精神、拼搏精神、创新精神、奉献精神等，都是对社会主义核心价值观的生动诠释和体现。劳动模范是社会主义核心价值观的模范实践者，是全社会学习的典范。

2. 赋予民族精神和时代精神双重色彩

劳模精神是民族精神的继承和时代精神的具体表现，大力培育劳模精神，崇尚劳模精神，是以爱国主义为核心的民族精神，是以改革创新为核心的时代精神的生动体现。弘扬劳模精神，是丰富民族精神和时代精神的重要途径，是鼓舞全党全国各族人民接续奋斗、砥砺奋进的强大精神动力。

3. 培育时代新人的途径

新时代青年是党和国家的未来，是社会主义事业的建设者和接班人，需要具有坚定的信念、强大的精神力量、执着的追求作为接续奋斗的精神支撑和力量源泉。劳模精神折射出时代精神的内涵，具有鲜明的社会主义意识形态属性和中华民族特性。作为新时代学生，要继续传承劳模精神，自觉地把个人理想融入家国梦想之中，为建设社会主义现代化国家贡献力量。

三、培育新时代的工匠精神

工匠代表着一个时代的气质，他们坚定、踏实、精益求精。工匠精神从本质上讲，是一种基于技能的职业精神。它源于劳动者对劳动对象品质的极致之美、敬业之美的追求，展现了创造之美的价值升华。工匠精神是一种执着专注、精益求精、一丝不苟、追求卓越的劳动精神，是对劳模精神的重要深化和丰富发展。

1. 爱国主义

围绕教育的根本任务"为谁培养人、培养什么人、怎样培养人"这一问题，爱国主义教育必然成为新时代职业院校学生工匠精神培育的重要内容和环节。传承和弘扬爱国情怀，以爱国主义为导向，培养民族自豪感，涵养学生工匠精神意识，是培育新时代职业院校学生工匠精神的重要思想前提。

2. 职业道德

所谓"初心易得，始终难守"。工匠精神正是对职业初心的执着坚守。这种精神不仅体现在工作实践中对本职工作专心致志、聚精会神、一丝不苟，更体现在岗位的坚守历练与业精于勤的职业素养上。劳动者通过长时间对本职工作执着坚守的意志磨炼，塑造从一而终、耐心专注的高尚品德，进而实现个人知行合一的职业理想，能对自身职业产生认知度、认同感和敬畏感。新时代职业学生要树立爱岗敬业、乐于奉献、坚持不懈、忠于职守的职业价值观和职业道德观。

3. 创新精神

创新精神作为新时代工匠精神的最新要义，是当前职业院校学生需要具备的能力素养，是民族振兴和社会发展的不竭动力。在"大众创业、万众创新"的双创时代，新时代职业院校学生要具有敢于创新、勇于探索、善于实践的精神，要走在时代发展前列，为中国创造贡献新时代新型工匠的奋进力量。

📖 知识之窗

劳动是成功的必由之路，劳动是创造价值的唯一源泉。在中华大地上，千千万万的劳动者以高度的主人翁责任感、卓越的劳动创造、忘我的拼搏奉献，在平凡的岗位上做出了不平凡的业绩。"两弹元勋"邓稼先、

"时代楷模"黄大年、太行山上"新愚公"李保国……一个个在本职岗位上奉献一生的优秀人才，用生命点燃中国发展力量；外卖骑手宋增光、"拉面匠"韩木海买、"小砌匠"邹彬……一个个在平凡岗位上书写精彩人生的普通劳动者，无不发扬着勤于劳动、勇于奋斗的精神。他们心有灵巧画笔，绘就波澜壮阔的梦想宏图；他们手握精密刻刀，雕出气吞万里的锦绣河山。在中华民族伟大复兴历史征程中成就了人生价值。

📖 劳动实践

为了牢固树立"劳动最光荣、最崇高、最美丽"的观念，激发劳动热情，现在学校准备开展"学习榜样　彰显力量"主题演讲活动。你将代表班级参加这次活动，请选择一位你敬仰的劳动模范，用文字为他绘制劳动者的画像，介绍他的先进事迹，刻画他的高尚品格，并为他撰写300字以内的介绍词。

📖 拓展

《大国工匠》《非遗里的中国》《我在故宫修文物》《感动中国》等节目，呈现了平凡人做平凡事，通过镜头展现了大美中国，展示了劳动人民的智慧，传递着一代又一代国人的劳动精神、工匠精神、劳模精神。

请观看节目，做好思考总结：

1. 节目中主人公用实际行动践行了怎样的劳动精神？对此，你有哪些收获？

2. 请和同学分享，在你的生活实践中，最能体现传承劳动精神的一次经历。

① ―

模块一

家庭劳动技能实践活动

任务一　青椒炒土豆丝

诗人陆游在《饭罢戏作》中写出了绚丽的四川美食。

"南市沽浊醪，浮蚁甘不坏。东门买彘骨，醯酱点橙薤。蒸鸡最知名，美不数鱼蟹。轮囷犀浦芋，磊落新都菜。欲赓老饕赋，畏破头陀戒。况予齿日疏，大脔敢屡嚼。杜老死牛衖，千古惩祸败。闭门饵朝霞，无病亦无债。"

📖 学习目标

1. 通过学习烹饪锻炼动手能力、自理能力，提高生活自理能力，体会劳动带来的幸福。

2. 了解青椒炒土豆丝的基本步骤，掌握一定的烹饪技巧。

📖 美食介绍

川菜：中国传统的四大菜系之一，分为本土川菜与海派川菜。本土川菜中的四川菜系又包括川味菜肴、面点小吃、火锅等。它的食材包罗万象，味道清鲜，醇浓并重，以麻辣调味著称，能满足不同味蕾的需求，以巧妙绝伦的烹饪方法兼容浓厚的地方乡土风味闻名，融合东南西北各方美食的特点，博采众长，擅长吸收和创新，别有一番风味。

川菜分为三大主流：

蓉派（上河帮）——以川西成都、乐山地区为中心的川菜。经典菜品有：麻婆豆腐、回锅肉、咸烧白、粉蒸肉、夫妻肺片、蚂蚁上树、蒜泥白肉、鱼香肉丝等。

盐帮派（小河帮）——以川南自贡为中心的盐帮菜，包括宜宾菜、泸州菜和内江菜。经典菜品有：鱼香茄子、水煮牛肉、自贡火边子牛肉、自贡冷吃兔、宜宾芽菜、小煎鸡、鲜锅兔等。

渝派（下河帮）——以老川东地区达州菜、重庆菜、万州菜为代表的江湖菜。经典菜品有：水煮鱼、毛血旺、辣子鸡、啤酒鸭、来凤鱼、尖椒鸡等。

📖 任务实施

一、食材介绍

1. 青椒

青椒：又称大椒、灯笼椒、柿子椒、甜椒、菜椒，颜色分为黄、绿、红，味道分为甜、辣、微辣，富含维生素C，加热时间不宜过长，以避免营养流失。

2. 土豆

土豆：学名马铃薯，别称山药蛋、地蛋、洋芋，颜色分为黑、白、黄、彩色、红，市场常见为黄色土豆，含有大量淀粉，富含维生素A和维生素C。

3. 食用油

油的种类：橄榄油、花生油、芝麻油、核桃油、菜籽油，富含维生素E和胡萝卜素，大多数家庭常用菜籽油。

二、任务准备

准备两颗土豆（400克）、盐、鸡精、植物油、蒜、姜、青椒、葱。

三、具体操作

1. 选光滑的土豆

发芽、发青、发霉的不能选。

2. 土豆洗净削皮切成丝

可以用擦丝器，也可以用刀切。切丝步骤：先把土豆切成薄片，然后再切成细丝并用水冲洗沥干。

3. 其他配菜切丝

葱切段（长短根据个人喜好），青椒切成丝，生姜洗净去皮切成片或者丝，蒜切成片或者丝（建议姜蒜切片以避免和土豆丝一起食用，影响味道）。

4. 炒菜

锅中放油（菜籽油要等油泡消失，橄榄油、花生油五成油温，油温过高，食材易焦，如果油温过高可以关火冷却几分钟，待油温合适），倒入姜蒜爆炒，炒出香味（可以捞出姜蒜，也可不捞），放入切好的土豆丝、青椒丝，盐适量、鸡精、葱花，炒熟（没有生味）即可出锅装盘。

注：土豆炒久会变软。

四、注意事项

1. 防火安全

保持燃气灶周围空气流通；防止油侧漏进燃气灶；不能远离厨房，如闻到煤气味，要立即关闭燃气阀门，关闭用火设备，打开窗户；如锅中热油起火，切勿慌乱，要先关闭火源，迅速盖上锅盖，勿端锅乱走。

2. 防电安全

湿手切勿接触开关，防止触电。

3. 防刀伤

切丝时要集中注意力，正确规范使用刀具，不得将刀具放在桌面边缘，以防止意外掉落伤人。

4. 防烫伤

放菜时，顺锅边放菜，切勿从锅中间倒入以防止油溅烫伤。如烫伤，立即用冷水冲洗，再涂上烫伤药。

五、操作流程示意图

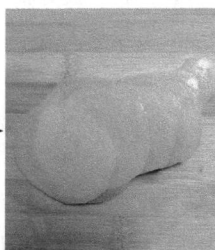

图1-1-1　洗净削皮　　　图1-1-2　切成薄片　　　图1-1-3　切成细丝

图1-1-4　冲洗备用　　　图1-1-5　辣椒切丝　　　图1-1-6　姜蒜切片

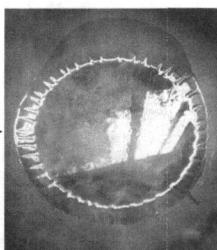

图1-1-7 葱切小段　　图1-1-8 放油至无泡　　图1-1-9 中火爆炒姜蒜

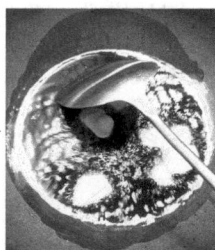

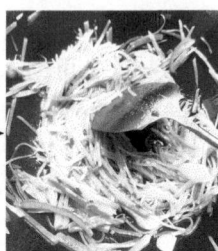

图1-1-10 大　　　　图1-1-11 放青椒　　　图1-1-12 出锅
火爆炒土豆丝　　　　和葱爆炒至熟　　　　　装盘

📖 任务评价

表1-1-1　青椒炒土豆丝的评价表

类别	内容	得分标准	自评	组评	师评	总评
任务标准	土豆丝	A.细。 B.适中。 C.粗				
	盐味	A.适中。 B.咸、淡。 C.无味				
	口感	A.口味优质。 B.炒熟。 C.炒糊				

续　表

类别	内容	得分标准	自评	组评	师评	总评
任务标准	造型	A.有装饰，装盘整齐。 B.无装饰，装盘整齐。 C.无装饰，装盘散乱				
说明		AAA——优秀；A或AA——良好；无A则加油				

📖 成果展示

请将完成的任务成果拍照或制作成视频在班级群中分享。

📖 实践感悟

1.通过制作美食，你能体会出父母的哪些辛劳？

_____

_____

_____

2. 在烹饪过程中，你遇到了哪些困难？你是如何克服的？你有什么收获？

_____

_____

_____

拓展

1. 阅读文章《一片豆腐阅人生——攸县豆腐制作技艺传承人符福齐的故事》。

2. 观看纪录片《舌尖上的中国》。

思考：

说一说你的家乡有哪些传统美食？读了这篇文章，你想到了什么？

任务二 电冰箱清洗

我们的日常生活中离不开很多家用电器，如饮水机、电视、电冰箱、电风扇、电脑、电磁炉、电饭煲等，及时对家用电器进行清洁保养，不仅能增加家电使用的寿命，还能保持家庭清洁卫生，更有利于我们的健康。

📖 学习目标

1.通过家庭清洁等日常活动，理解劳动创造美好生活的道理，提高生活自理能力，增强家庭责任感。

2.掌握清洁电冰箱技能，认识并会使用清洁电冰箱的工具，能够独立完成电冰箱的清洗任务。

📖 任务实施

一、工具介绍

1. 防水垫布

防水透气，避免清洁时水渗入地面。

2. 百洁布

厨房清洁用品，类型比较多，一般不使用颜色鲜艳的百洁布，以免染料不合格危害健康。一般使用抹布或者海绵。

3. 冰箱清洁用品

洗洁精、小苏打水、白醋。

二、任务准备

防水垫布、洗洁精、抹布或者海绵、白醋、清水、盆。

三、具体操作

1. 断电

先断电，以免发生意外。

2. 清空冰箱

把冰箱内物品全部清理出来。

3. 清洗冰箱外壳

用湿布擦拭冰箱外壳，细缝内杂物和污渍可用棉签清理，油污可用少量洗洁精。

4. 清洗冰箱封门条

白醋和水1∶1，然后用抹布或者海绵擦拭封门条。

5. 清洗冰箱内部

用湿布蘸上少量洗洁精擦拭，再用另一块抹布蘸清水擦拭。冰箱内电器："开关""照明灯""温控器"等设施，要把抹布或海绵拧干擦拭，切勿用水冲洗。

6. 清洗冰箱附件

冰箱内附件拆卸下来，可用清水或洗洁精清洗。

7. 再次整体清洁

擦拭完以后要用干的抹布再擦拭一遍，避免留下水渍。

四、注意事项

（1）切记先关闭电源，以防止触电。

（2）冰箱中比较顽固的污渍，可以用刷子蘸水擦洗，不能使用过硬的钢丝球，以免划伤冰箱。

（3）清洗完接通电源前，要检查插板是否有水渍，以免发生意外。

（4）冰箱是电器绝缘体，切记不能用水直接冲洗冰箱！

五、操作流程示意图

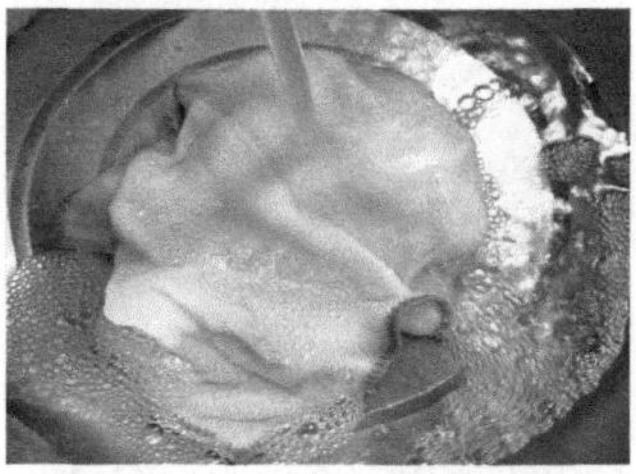

图1-2-1　准备清洗工具

图1-2-2　断电清空冰箱

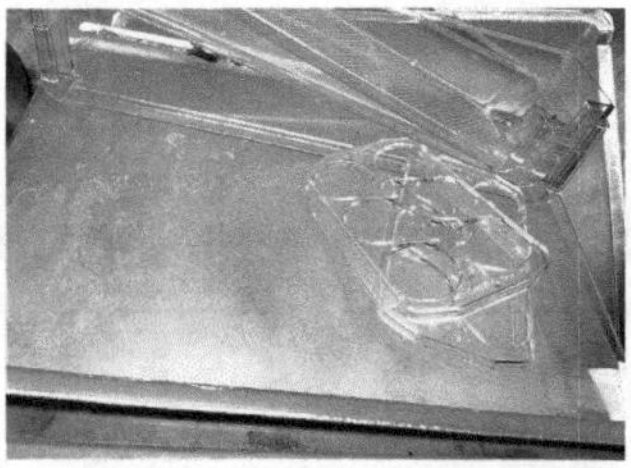

图1-2-3　拆卸冰箱附件

清洗冰箱隔板塑料条时用手向外掰可拆卸。先用蘸洗洁精的抹布擦拭一遍，后用蘸清水的抹布擦拭，再用干的抹布擦拭。

图1-2-4 清洗冰箱附件

冰箱隔板塑料条组装时，前后塑料条凹面需一致，塑料条和隔板对齐，用力向下按，即可组装。

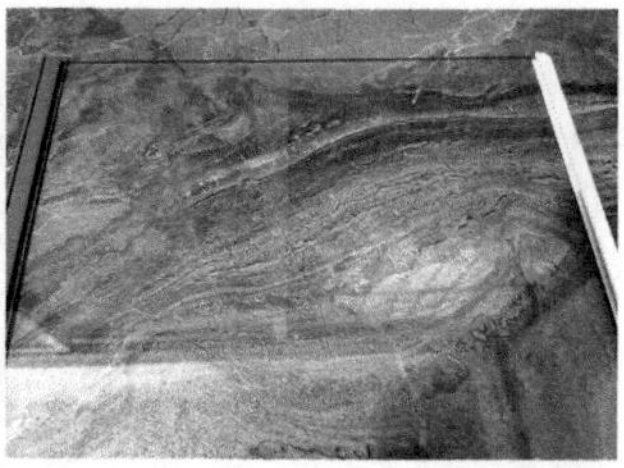

图1-2-5 组合冰箱附件

图1-2-6 擦拭完把冰箱附件重新装入内部

任务评价

表1-2-1 电冰箱清洗的评价表

类别	内容	得分标准	自评	组评	师评	总评
任务标准	水渍	A.无水渍。 B.少量水渍。 C.大量水渍				
	异味	A.无异味。 B.异味较少。 C.异味浓				

续　表

类别	内容	得分标准	自评	组评	师评	总评
任务标准	准备	A.工具准备充足。 B.准备不充分。 C.无准备				
	清洁度	A.无明显污渍。 B.污渍较少。 C.污渍较多				
说明	AAA——优秀；A或AA——良好；无A则加油					

📖 成果展示

请对家里的冰箱或者其他家电进行彻底的卫生清洁，将劳动成果拍照或制作成视频在班级群中进行分享。

📖 实践感悟

请写一篇300字的劳动感悟。

_____

_____

📖 拓展

1. 阅读文章《"90后"小将的大国工匠梦——记天津住宅集团工业化建筑有限公司生产制造部工长郭洪猛》。

2. 观看纪录片《大国工匠》。

思考：

结合郭洪猛的故事，说说你从中体会到了哪些劳动精神？你有什么启发？

任务三　衣物整理

日常生活中收拾家务是生存的必备技能，整洁有序、舒适的环境，有利于我们的身心健康。整理和清洁居家环境，是一件非常有意义的活动，能让我们体验到成就感和快乐。

📖 学习目标

1. 收纳整理是生活中的基本技能，在收纳过程中，能够促进思维逻辑能力的发展；通过收纳整理学习，养成良好的品质和生活习惯。

2. 能够叠好衣物，并按种类、颜色、季节对衣物进行归纳整理，增强生活自理能力。

📖 任务实施

一、工具介绍

1. 衣架

用来搭披衣衫的架子，市场上种类较多，材质有木制、塑料、不锈钢等。

2. 收纳用品

有衣物收纳抽屉、衣物收纳箱、带格子的衣物收纳筐等，材质有布艺、塑料等。

二、任务准备

衣架、储物工具。

三、具体操作

1. 整理原则

（1）能挂则挂。空间足够的情况，将常穿的衣物全部挂起来。

（2）分类放好。衣物按照类别、颜色、大小分类，常用衣物放在衣柜易拿取的地方。

（3）断舍离。不穿的衣物可以淘汰。

（4）收纳工具。收纳过季衣物或者小件物品，既美观又方便拿取。

2. 衣物折叠方法

（1）叠上衣。将衣服正面朝上放平整，将袖子折叠对称，肩颈部分向内折叠，在衣服1/3的地方折叠一次，然后再向上折叠。

（2）叠裤子。将两条裤腿对折平放，从裤口向上折叠，大约20厘米，再叠一次，最后把裤子另一边折叠过来。

（3）叠内衣裤。内裤裆对折到皮筋处，然后将内裤卷起来存放。内衣要平整存放（对折会使罩杯凹陷）。

（4）叠袜子。方法一：把左右两只袜子对齐，在袜子1/3处折起，尽量把其分成3等份，然后把其中一只袜子的袜口外翻套住两只袜子即可。

方法二：将两只袜子重合叠放在一起，然后从底部开始卷，将其中一只袜子的袜口外翻套住卷起的袜子。

3. 收纳

（1）按照四季把衣物分出来。

（2）浅色和深色进行整理，按照衣物类型进行分类。

（3）把折叠好的衣物放入收纳箱或者用衣架挂起。

（4）把当季衣物放在易拿取的地方。

四、注意事项

（1）内衣、内裤、袜子要单独存放。不能和其他衣物堆放在一起，以免滋生细菌。

（2）增加收纳效果可购买专用内衣裤、袜子收纳盒存放。

（3）定期进行整理，保持衣柜整洁。

五、操作流程示意图

1. 衣服整理

图1-3-1　衣服正面朝上，平铺

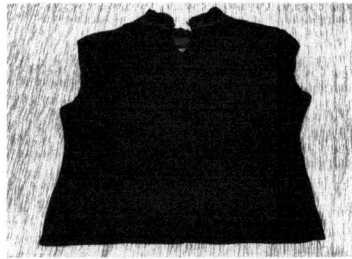

图1-3-2　袖子对折

图1-3-3　以颈肩为线，向内折叠

图1-3-4　从下向上，在衣服1/3处折叠，然后再折叠一次

图1-3-5　把折叠好的衣服翻面

2. 裤子整理

图1-3-6　裤子平放

图1-3-7　沿裤缝对折

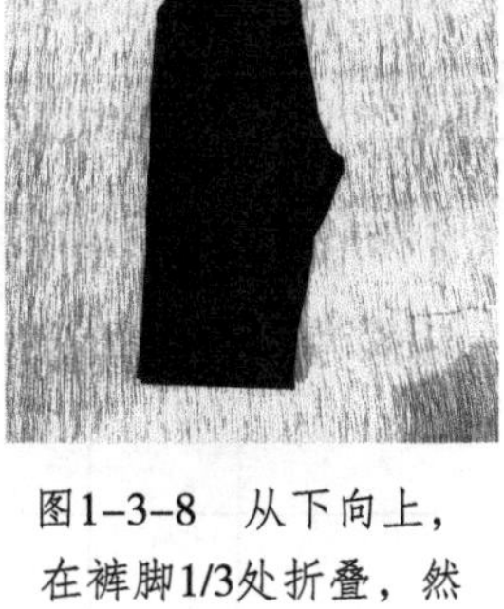

图1-3-8　从下向上，
在裤脚1/3处折叠，然
后再折叠一次

图1-3-9　把裤
子放入收纳箱

3. 袜子整理

图1-3-10　袜子平铺

图1-3-11　重叠平放

图1-3-12　1/3处折叠，
然后再折叠一次

图1-3-13　用一只袜
口外翻套住袜子

📖 任务评价

表1-3-1　衣物整理的评价表

类别	内容	得分标准	自评	组评	师评	总评
任务标准	叠衣物	A.整齐无褶皱。 B.整齐有褶皱。 C.折叠不规范				
	分类	A.分类合理。 B.分类不规范。 C.没有分类				

续 表

类别	内容	得分标准	自评	组评	师评	总评
任务标准	放置	A.整齐美观方便。 B.放置不规范。 C.凌乱				
说明		AAA——优秀；A或AA——良好；无A则加油				

📖 成果展示

请为父母整理衣物，并将完成的任务成果拍照或制作成视频在班级群中分享。

📖 实践感悟

在整理衣物的过程中，你还有更好的建议吗？通过这样的活动，你觉得在日常生活中，作为中职生还应该从哪些方面做好个人生活的管理和规划？

_____

_____

_____

📖 拓展

1.阅读文章《针尖上的大国工艺》。

2.观看纪录片《四川非遗100》。

思考：

结合故事，谈一谈作为中职学生，应该如何做好自己的职业规划？

任务四　家庭小管家

面对突如其来的生活"巨款"，部分同学不能合理地支配和管理钱财，没有合理的消费观和金钱观，想买什么就买什么，缺乏必要的消费指导和理财能力，不能合理安排自己的经济开支。

📖 学习目标

1. 通过理财树立正确的理财观念，提高统筹规划、合理安排金钱的素质能力；形成良好的理财习惯，学会合理消费，规划好自己的中职生活。

2. 能根据实际情况制作理财计划表，形成良好的理财观念，学会合理消费，规划好自己的中职生活。

📖 任务实施

一、任务准备

调查家庭必需生产、生活用品，准备好一周的基金。

二、具体操作

1. 与父母共同讨论

固定支出：如电话费、水电费、房租、物业费等。

必要支出：食品（谷物类、肉类、蔬菜、调料、牛奶、水果、零食）、纸巾、洗护、牙具等开销。

机动支出：购买衣物、零用钱、人情往来等。

大件物品支出：购买家电（如电视、冰箱等）。

2. 制表记录

制作表格并贴在家庭醒目处，记录一周家庭开支情况。

表1-4-1　家庭支出情况表

内容	第一天	第二天	第三天	第四天	第五天	第六天	第七天
水电费							
水果							
伙食							
小计							

表1-4-2　开支明细表

序号	开支项目	预计金额	实际金额	备注

3. 每日总结

做好每天收支总结情况。（如必备开支、额外开支）

任务评价

表1-4-3　家庭管理的评价表

类别	内容	得分标准	自评	家人评价	教师评价	总评
任务标准	记载	A.每天一次。 B.两天一次。 C.一周一次				
	报告	A.每天一次。 B.两天一次。 C.一周一次				
	使用金额	A.节省。 B.持平。 C.超标				
说明	AAA——优秀；A或AA——良好；无A则加油					

成果展示

　　请设计一个学校生活理财的方案，并将完成的任务成果拍照或制作成视频在班级群中分享。

实践感悟

　　请谈谈当了一周小管家的感想。

_____

_____

_____

📖 拓展

1. 阅读文章《节约粮食几十载 勤俭家风传四代——湖北襄阳市退休干部蔡学岭家庭》。

2. 观看电影《袁隆平》。

思考：

结合文章，谈谈节约粮食，合理规划用品的重要性。

②

模块二

学校劳动技能实践活动

任务一　教室寝室环境美化

当我们走进教室或寝室时，一个整洁、舒适、美观的环境能够让我们感到愉悦和放松，同时也能激发我们的学习热情和创造力。因此，进行教室和寝室的环境美化是非常重要和必要的。让我们一起努力，为自己和他人创造一个更加美好的学习环境和生活环境吧！

📖 学习目标

1. 知识目标

了解环境美化的意义和价值，掌握选择装饰材料、整理物品、布置绿植等相关知识和技巧，了解保持环境整洁卫生的方法。

2. 技能目标

能够运用所学知识和技巧进行教室和寝室的环境美化，能够选择合适的装饰材料、整理物品、布置绿植等，提高自己的动手能力和创造力。

3. 情感目标

培养自己的环保意识，关注身边环境，增强自己的责任感和团队合作精神，提升自己的生活品质和幸福感。

📖 任务实施

一、知识学习

1. 环境美化的意义和价值

环境美化可以提高学习热情和创造力，促进身心放松和健康发展。

2. 整理物品的技巧

掌握物品整理的基本原则和方法，如归类、整理、摆放整齐等。在教室和寝室中，要定期整理床铺、书桌、衣柜等物品，保持室内整洁和美观。

3. 布置绿植的技巧

选择一些适合室内生长的中小型植物，如吊兰、虎尾兰、仙人掌、常春藤等，这些植物容易养护，对光照和水分要求不高，适合在寝室环境下生长；合理安排绿植位置，根据寝室的光照情况和空间大小合理安排绿植的位置，尽量将植物放置在光线充足的地方，有利于植物的生长；养护绿植要注意浇水、施肥、修剪等，保证植物的健康生长。

4. 装饰知识

了解各种装饰材料的特性和应用范围，掌握选择合适装饰材料的方法。在教室、寝室中，可以选择摆放一些美观的饰品、挂饰、壁纸等，为室内增添一份美感和生气。

5. 美化技能

学习并具备一定的美化技能，如插花、手工制作等，可以通过网络、书籍、手工课等途径学习和掌握相关技巧，提高自己的创造力和审美能力。在教室、寝室中，可以通过自己的创意和技能，制作一些美观的饰品和装饰品，提高自己的生活品质和创造力。

6. 环保知识

了解环保的基本概念和相关知识，提高环保意识和环保行为，如节约能源、减少污染、垃圾分类等。在教室、寝室环境中，要尽量减少电、水等资源消耗，不乱扔垃圾，正确分类投放垃圾。

7. 安全知识

了解安全的基本概念和相关知识，掌握安全意识和安全行为，如防火、防盗、防溺水等。在寝室中，要注意遵守用电安全规则，不私拉乱接电缆，避免使用不合格的电器设备。

二、任务准备

1. 观察学习

观察身边的优秀教室、寝室环境美化，记录它们的装饰风格和特点，也可以向老师或其他同学请教，了解这些环境美化的优点和不足之处，从中汲取灵感。

2. 制订计划

确定装饰、整理、布置的具体步骤和时间节点，避免随意性和盲目性。

3. 物资准备

根据计划，准备所需的如饰品、植物、壁纸、整理箱等物品。

三、具体实践

1. 教室、寝室的美化

在教室、寝室中添加一些美观的饰品和装饰品，如挂饰、壁纸、绿植等，营造一个温馨、舒适、美观的环境。注意选择材质和颜色时，要避免太过花哨和刺眼，注重整体协调和美感。墙上张贴物有序整齐、表面无灰尘，墙上无脚印、球印等，要让每个班级的墙成为会说话的文化宣传窗口。

图2-1-1 教室墙面装饰

2. 班级文化

要有特色，可以设置有特色的卫生角、读书角、学习园地、绿化角等。

图2-1-2 学习园地

3. 卫生要求

课桌椅、劳动工具整齐摆放，统一放置；垃圾及时清理并分类处理，天花板无蜘蛛网，灯管、电线无积尘等。

图2-1-3　工具摆放整齐

图2-1-4　课桌椅摆放整齐

4. 讲台布置

干净整洁，黑板擦、粉笔等摆放整齐，讲桌下面无杂物。

5. 课桌布置

桌面上书本等物品摆放整齐有序、抽屉内物品不杂乱。

任务评价

1. 对教室、寝室环境美化成果进行拍照并分享。

2. 由政教处和美术教师组成评比小组，根据评比细则为各个教室打
分，统计评出优秀、良好、合格等级。

表2-1-1 教室、寝室环境美化量化评价表

内容	评价标准	评价等级	自评	组评	师评	总评
准备	1.有计划地进行环境美化工作。 2.制定了相关规定和标准。 3.进行了充分的宣传和动员	A.全部达标 B.达标两项 C.达标一项 D.无达标项				
操作	1.环境美化的技能突出。 2.具体实施有理有序。 3.顺利完成					
成果	1.效果和成果突出。 2.班级整体环境的整洁度和美观度较好。 3.物品的摆放、整理规范					
态度	1.积极主动参与劳动实践。 2.具有团队协作精神。 3.对于环境美化的认识深刻					
备注	A——优秀；B——良好；C——合格；D——加油 总评：AAAA——优秀；AAA——良好；AA——合格；A——加油					

📖 成果展示

请将完成的教室、寝室环境美化成果拍照或制作成视频在班级群中分享。

📖 实践感悟

通过此次教室、寝室环境美化任务，结合实际情况，思考一下应如何更好地美化自己的教室、寝室。

_____

_____

_____

📖 拓展

1. 阅读书籍《教室环境美化的理论与实践》，本书从理论和实践两个层面，详细阐述了教室环境美化的基本原理、设计方法、实施策略等。

2. 观看电影《放牛班的春天》。

思考：

结合拓展材料，谈谈为何要进行环境美化工作？

任务二　寝室文化建设

寝室文化是校园文化的重要组成部分，它不仅关系到我们的生活品质，还直接影响着我们的学习状态和身心发展。通过寝室文化建设活动，能够让我们的寝室变得更加美好、更加充满正能量。

📖 学习目标

1. 知识目标

了解寝室文化的内涵、特点、功能等基本知识，了解文化传承和创新的基本方法。

2. 技能目标

参与寝室文化建设的整个过程，了解具体的实施步骤和方法，掌握相应的技能和方法，能够更好地推进寝室文化建设活动，并不断提高自己的实践能力和创新能力。

3. 情感目标

具备积极的情感态度和正确的价值观，包括对多元文化的尊重和理解、对文化传承和创新的责任意识和使命感、对寝室生活和室友关系的珍视和理解等，更好地发挥自己的主观能动性。

📖 任务实施

一、知识学习

1. 文化知识

了解寝室文化的内涵、特点、功能等基本知识，了解文化传承和创新的基本方法。

2. 卫生知识

了解寝室卫生打扫的方法和技巧，包括清洁卫生、消毒卫生等。

3. 装饰知识

了解寝室装饰和布置的基本方法和技巧，包括色彩搭配、东西摆放、装饰品选择等。

4. 安全知识

了解寝室安全的基本知识和注意事项，包括消防安全、电器安全等。

5. 人际关系知识

了解如何与室友进行有效的沟通和协作，包括交流技巧、冲突解决等。

6. 组织管理知识

了解寝室文化建设活动的组织和管理方法，包括计划制订、实施步骤、效果评估等。

二、具体实施

1. 确定文化建设主题

室员需要一起讨论并确定本次文化建设活动的主题，明确我们的文化建设目标。如："和谐家园"以和为贵，突出寝室和谐友爱的主题，营造温馨的家居氛围；"书香人生"以学习为主题，突出读书、学习的重要性，营造积极向上的寝室文化氛围；"绿色生态"以环保为主题，突出绿色生态、健康生活的理念，营造自然、健康的寝室氛围；"职业素养"以职业素养为主题，突出职业道德、职业技能的培养，营造积极向上的职业文化氛围；"多元文化"以多元文化为主题，突出文化交流、互相尊重的理念，营造多元文化交融的寝室文化氛围；"创新创业"以创新创业为主题，突出创新意识、实践能力的重要性，营造创新创业的寝室文化氛围。以上主题仅供参考，同学们可以根据自己的实际情况和兴趣爱好，制订更加符合自己寝室特色的文化建设主题。

（1）制订文化建设方案。根据确定的文化建设主题，一起制订文化建设方案，明确具体的文化建设内容和实施步骤。

（2）采购或制作文化建设所需物品。根据文化建设方案，采购或者手工制作所需的装饰用品、海报等。

图2-2-1　制作文化建设用品

（3）寝室卫生打扫。在文化建设活动开始前，对寝室进行一次大扫除，确保寝室的卫生环境良好。

（4）寝室布置规划。讨论并制定寝室的布置规划，合理利用空间，使整个寝室看起来更加美观、舒适。

2. 确定任务分工

讨论并确定每个人的任务分工，确保每个人都能够参与到文化建设活动中来，发挥自己的特长和才能。

3. 建立沟通机制

在文化建设活动期间，建立有效的沟通机制，确保每个人都能及时了解活动的进展情况，并做出相应的调整和改进。

4. 制定寝室规则

寝室内可以制定一些共同的规则，如保持卫生、尊重他人、休息时间保持安静等，以促进寝室成员间的和谐。

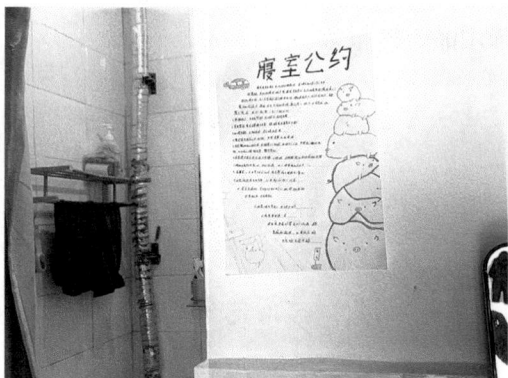

图2-2-2　制定寝室规则

5. 组织文化活动

寝室内可以组织一些文化活动，如下棋、书法、绘画等，以增进寝室成员之间的交流和理解。

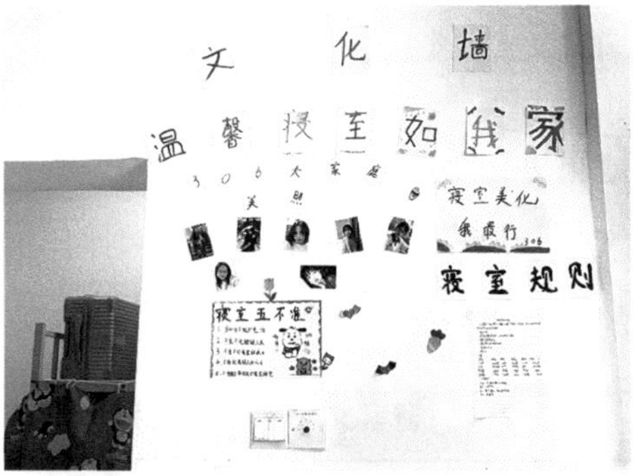

图2-2-3　寝室文化建设

三、注意事项

1. 建立良好的生活习惯

寝室成员应该相互尊重，遵守学校的规章制度和宿舍管理规定，不擅自调换宿舍，保持良好的宿舍卫生环境。

2. 维护安全稳定

寝室成员应该严禁吸烟、饮酒，使用酒精炉、电炉等违规行为，不私拉乱接电线和网线，确保宿舍区的消防安全和稳定。

3. 促进交流和团结

寝室成员应该积极参与宿舍集体活动，相互关心和帮助，建立和谐的宿舍关系，促进团结和友谊的发展。

4. 培养个人兴趣和爱好

寝室成员可以在宿舍内开展一些有益的文体活动，如棋类比赛、音乐欣赏、阅读交流等，丰富宿舍文化生活，提高个人综合素质。

5. 尊重个人隐私

寝室成员应该尊重彼此的隐私权和个人空间，不擅自翻看他人私人物品，不在宿舍内谈论他人的私人话题，保护个人隐私和尊严。

📖 **任务评价**

1. 对寝室美化成果进行拍照并分享。

2. 由政教处和美术教师组成评比小组，根据评比细则进行寝室文化建设评价，计入学生的德育成绩。

表2-2-1　寝室文化建设量化评价表

内容	评价标准	评价等级	自评	组评	师评	总评
环境卫生	1.寝室内地面彻底打扫，桌子、柜子、门窗无灰尘。 2.洗手间及阳台地面、墙面打扫干净，无污迹，洗手间内杂物要摆放整齐，便池干净	A.全部达标 B.达标一项 C.无达标项				
物品摆放	1.床铺。床单干净、整齐，无褶皱现象。被子叠放整齐，规范化，床铺上无杂物。空床干净、整洁。 2.桌面。桌面干净整洁。桌面所摆放物品整洁有序、干净。 3.阳台。阳台地面物品摆放整齐。洗衣台干净，物品摆放整齐。台墙上无污迹，无乱挂现象，所挂衣物不凌乱	A.全部达标 B.达标两项 C.达标一项 D.无达标项				
文化布置	1.寝室文化必须有主题，能体现当代中职学生的风采。 2.整体视觉效果良好，整体布局合理、优雅、美观、大方，具有一定的风格。 3.有健康向上的浓厚文化氛围，寝室布置突出个性，体现温馨气氛					
态度	1.参与寝室文化建设表现积极、主动。 2.有团队的协作精神。 3.有责任意识					
备注	A——优秀；B——良好；C——合格；D——加油 总评：AAAA——优秀；AAA——良好；AA——合格；A——加油					

成果展示

请将完成的寝室文化建设的成果拍照或制作成视频在班级群中分享。

实践感悟

通过此次寝室美化任务，结合实际情况，思考一下应如何进行自己的寝室文化建设。

_____

_____

_____

拓展

阅读书籍：

1.《寝室美化指南》，此书可以提供寝室美化的实用技巧和建议。

2.《创意家居设计》，此书展示一些案例和图片，为寝室美化提供一些新颖的创意和想法。

思考：

阅读了以上书籍后，你从中获得了哪些思考和启示？

任务三　公共区域环境的清扫与维护

学校公共区域环境的清扫和维护，不仅能够营造一个更加美好的校园环境，也能够培养我们的劳动意识和实践能力。在活动中，我们将会学习如何使用专业的清洁工具和设备，掌握清洁和维护的基本技能，这将对我们的生活和未来的职业发展产生积极的影响。希望我们每个人都能够积极参与公共区域环境的清扫和维护活动，发挥自己的劳动精神和实践能力，为我们的校园环境贡献自己的力量。让我们一起创造一个更加美好的校园环境！

📖 学习目标

1. 知识目标

了解公共区域环境清扫与维护的基本知识和技能。

2. 技能目标

掌握公共区域环境清扫与维护的基本操作技能。

3. 情感目标

培养公共区域环境清扫与维护的责任感和义务感，增强团队协作意识和团队合作精神。

📖 任务实施

一、知识学习

1. 公共区域环境清扫与维护的操作流程和规范

（1）备。将所需清洁用品——地拖、墩布、抹布、清洁剂等备齐。

（2）拖。用拖把将楼道地面拖净，保持地面干净。

（3）洗。每到终点时用拖把或毛巾拖擦地面污垢，及时将尘土及垃圾清除，装进垃圾袋内并放入规定的垃圾桶内，注意边角垃圾的清除。

（4）擦。把清洁剂加入水中稀释，比例为1∶70，稀释后，把毛巾拧干蘸取擦抹墙体台、窗台等。

2. 公共区域环境清扫与维护的工具和设备使用方法

（1）扫把。用于清扫地面上的垃圾和灰尘，使用时需要将垃圾扫入垃圾桶内。

（2）拖把。用于清洁地面，使用时需要将拖把浸湿并拧干，按顺序拖擦地面。

（3）清洁剂。用于擦洗地面和污渍。了解不同材质和污渍类型的公共区域需要使用哪种清洁剂，如玻璃清洁剂、地面清洁剂、洗手间清洁剂等。使用时需要按照清洁剂的使用说明进行操作。

需要注意的是，酸性、碱性清洁剂带有气味性和轻微毒性，若使用不当，将会造成物品损坏或人身伤害，使用时应注意做好防护措施。

（4）垃圾袋。用于装垃圾和灰尘，使用时需要将垃圾倒入垃圾袋内，并封口。

（5）小铲子。用于清理地面口香糖等。

3. 垃圾分类和处理

掌握垃圾分类知识，正确分类处理各类垃圾，包括可回收物、有害垃圾、湿垃圾、干垃圾等。

4. 公共区域环境清扫与维护的安全注意事项

（1）遵守规则。需要遵守学校和公共场所的安全规定，了解所在地区或场所的特殊要求和规定，如禁烟、禁酒等。

（2）防滑、防坠、防碰撞。在清洁卫生间、走廊、楼梯等地面时，需要将水渍擦干或者拖干，防止自己或行人滑倒。在高处要防坠、防碰撞等，确保自身安全。

（3）电器设备。对电器设备进行清洁时，必须在断电的情况下进行操作，需要确保自身安全。

（4）化学品使用。使用化学品进行清洁时，需要了解化学品的性质和危害，正确使用和储存化学品，避免发生意外事故。

（5）配合其他人员。在公共区域环境清扫与维护过程中，需要与其他人员配合工作，如搬运物品等，需要注意协作安全。

二、劳动实践

学校公共区域的范围，一般是指除教室、宿舍、功能用房以外的所有室内外空间，包括楼道、厕所、绿化带、操场、篮球场等。

1. 制订计划

根据公共区域的大小、结构和清洁需求，制订详细的清洁计划，包括清洁时间、清洁内容、清洁方法、清洁标准等，确保清洁工作有序进行。

2. 准备工具

根据清洁计划，选择并准备合适的清洁工具和设备，如拖把、扫把、铲刀、垃圾袋、清洁剂等清洁工具。

3. 清洁

按照清洁计划，进行公共区域的清扫与维护工作，包括地面清洁、玻璃清洁、洗手间清洁等。如在打扫中发现地上有口香糖等黏附物，应用铲刀沿口香糖边缘轻轻刮起，并迅速放入已准备好的垃圾袋内，禁止用脚将口香糖踩掉。如在打扫中发现砖上有水泥痕迹，应用铲刀将其轻轻刮起，如刮不掉，可用稀释的盐酸将水泥痕迹溶解，并迅速用水冲掉，然后用拖把将水迹拖掉，防止在水迹干之前留下脚印。

图2-3-1 地面清洁

4. 垃圾处理

在清洁过程中，对垃圾进行分类，将可回收物、有害垃圾、湿垃圾、干垃圾等分别处理，确保正确分类。

5. 整理工具

整理清洁工具和设备，确保其干净整洁，以便下次使用。

6. 验收效果

完成清洁工作后，进行验收，对清洁效果进行评估，及时发现问题并整改。

7. 记录清洁过程和效果

记录清洁过程和效果，形成清洁档案，为今后的清洁工作提供参考。

8. 定期检查和反馈

劳动委员及各组负责人要学会观察公共区域的清洁情况，及时发现和解决问题，不断优化清洁流程和清洁质量。

图2-3-2　台阶清洁

温馨提示：

1. 在清洁过程中，要注意检查和记录公共设施的状况，如门窗、水电设备、桌椅等，发现问题及时上报或处理。

2. 节约用水用电。在清洁过程中，要注意节约用水用电，关闭不必要的电器设备，避免浪费资源。

📖 任务评价

1. 对清洁成果进行拍照并分享。

2. 由政教处和学生会组成评比小组，根据评比细则打分，计入班级卫生考评。

表2-3-1　公共区域环境的清扫与维护量化评价表

内容	评价标准	评价等级	自评	组评	师评	总评
准备	1.工具准备齐全，包括扫把、拖把、尘推、吸尘器、清洁剂等。 2.任务明确，了解公共区域环境清扫与维护的具体任务和范围。 3.计划合理，了解公共区域环境清扫与维护的工作计划和时间安排					
操作	1.操作流程规范，按照公共区域环境清扫与维护的操作流程和规范进行工作。 2.安全措施得当，做好如防滑、电器设备、化学品使用等。 3.操作技能熟练，掌握扫、推、洗、擦等操作技能，工作效率高	A.全部达标 B.达标两项 C.达标一项 D.无达标项				
成果	1.清洁效果显著，公共区域环境清扫与维护的成果达到质量控制标准。 2.及时处理清扫与维护中出现的问题，确保工作进展顺利。 3.工作效率高，清扫与维护工作完成时间合理，没有拖延时间					
态度	1.工作责任心强，具备中职学生该有的责任感和使命感，认真对待公共区域环境清扫与维护工作。 2.沟通能力良好，在清扫与维护工作中能够与其他人员有效沟通，解决问题。 3.团队协作精神好，在清扫与维护工作中能够积极参与团队协作，共同完成任务					
备注	A——优秀；B——良好；C——合格；D——加油 总评：AAAA——优秀；AAA——良好；AA——合格；A——加油					

📖 **成果展示**

请将完成的公共区域清扫与维护任务成果拍照或制作成视频在班级群中分享。

📖 实践感悟

结合实际情况，思考应如何较好地完成班级的公共区域卫生。

_____

_____

_____

📖 拓展

观看影视剧，学习并传承劳动精神。

电影《清洁工》讲述了一个妇女在失业后成了一名清洁工，通过自己的努力和坚持最终获得了尊重和成功的故事。

思考：

电影中清洁工通过自己的努力和坚持最终获得了尊重和成功的故事对你有什么样的启示和影响？

任务四　我为校园添点绿

　　在当今社会，环境保护和可持续发展已经成为人们关注的热点问题。作为未来社会的中坚力量，中职学生应该积极践行环保理念，为校园增添绿色，推动可持续发展。

📖 学习目标

1. 知识目标

了解适合当地气候和校园环境的不同植物的特性、种植和养护技巧、适宜的生长环境，如阳光、水分等。

2. 技能目标

具备对植物进行简单养护的能力，能够解决遇到的问题。

3. 情感目标

培养中职学生的绿化意识和环保责任感，增强团队协作能力和沟通能力，体验劳动的意义。

📖 **任务实施**

一、知识学习

1. 植物的种类和特性

了解不同植物的特性和适宜的生长环境，如阳光、水分等。不同类型的植物对环境有不同的要求，需要根据当地气候和校园环境的条件选择适合种植的植物。

2. 种植技巧

掌握基本的种植技巧，如如何挖坑、如何修剪植物等。在植树栽花活动中，正确的种植技巧和方法能够保证植物成活和健康生长。

3. 花卉和树木的选择

了解花卉和树木的种类和特点，能够选择适合当地气候和校园环境条件的植物。选择适合的植物不仅能够提高种植的成功率，也能更好地实现绿化美化和绿色发展的目标。

校园内种植的树木可选择：悬铃木、银杏、枫树、樟树、法国梧桐、槐树、桂树、柏树等。

教室和寝室可以选择一些耐阴耐旱的植物，如仙人掌、吊兰等；校园公共区域则可以选择一些易于管理的花草和树木，如薰衣草、桂花树等。

4. 植物养护

掌握对植物进行简单养护的能力，如浇水、修剪等。植物养护是一个长期的过程，需要定期对植物进行养护，保证植物的健康生长和成活率。

5. 环保知识和技能

了解环保的基本概念和意义，如可持续发展、低碳生活等。掌握环保的基本知识和方法，如垃圾分类、节约用水等。

二、劳动实践

1. 计划和组织

组织团队，制订校园植树栽花的计划，包括选择植物种类，采购植物，安排种植时间、地点和人员等，同时要确保有足够的资源和支持。

2. 选择植物种类

选择适合当地气候和土壤条件的植物种类，可以咨询学校园丁、植物专家或当地园艺店员的意见。

3. 采购植物

根据计划采购所需的植物，可以从当地的园艺店或苗圃购买。

4. 安排种植时间和地点

选择适当的种植时间和地点，确保土壤肥沃、湿润，并准备好必要的工具和设备。植物栽种的最佳时间取决于植物的种类和季节。一般来说，春季是大多数植物最适合栽种的季节，因为此时气候环境适宜，有利于植物的生长和繁殖。对于一些耐寒性较高的植物，也可以在秋季进行栽种。

5. 种植

首先，按照正确的步骤种植植物，包括挖适当大小的坑、加入有机肥料、将植物放入坑中、填土、浇水等。放置树苗时要将根部扶正、枝要展开。其次，为提高种植成功率，栽树时要分三次填土。第一次填土至距坑顶一定距离的地方，绕树一周将填入的土用均力踩实，然后轻提树茎、抖松，以保证树根的呼吸。第二次填土后，再绕树踩实。在第三次填土后，尽量保证与坑面平齐。最后，用土在坑面上围一个圆环，便于浇水养护。在填土到一半位置的时候，需要给树苗浇水，尽量将所填土浇透。

6. 维护和照顾

确保植物得到适当的照顾和护理，包括浇水、施肥、修剪和防治病虫害等。

图2-4-1 修剪植物

（1）定期浇水。浇水是维持植物生命的关键，根据不同植物的需求和季节的变化，定期浇水，保持土壤湿润。在干旱的季节，可以增加浇水的频率。

（2）定期施肥。植物需要吸收养分才能健康成长。根据不同植物的需求和季节的变化，定期施肥，提供植物所需的营养物质。在生长旺季，可以增加施肥的频率。

（3）定期修剪和整理。定期修剪和整理植物可以促进植物的生长和繁殖。剪除植物的枯枝败叶和徒长枝条，可以使植物保持健康的形态和合理的生长结构。

图2-4-2 清除杂草

（4）病虫害防治。植物容易受到病虫害的侵袭，要定期检查植物的状态，发现病虫害问题及时采取措施进行防治，避免病虫害对植物造成损害。

（5）保护措施。对于一些容易受到外界因素影响的植物，可以采取保护措施，例如搭建支架、覆盖防寒布等，为植物提供更好的保护。

7. 宣传和教育

通过海报、宣传册或其他方式，向其他学生宣传校园植树栽花的意义和价值，并教会他们如何正确地种植和照顾植物。

📖 任务评价

表2-4-1 四川省威州民族师范学校绿化评价表

内容	评价标准	评价等级	自评	组评	师评	总评
准备	1.积极参与准备工作，如植物的选购、土壤的准备等。 2.提前了解有关植树栽花的知识，为活动做好充分准备	A.全部达标 B.达标一项 C.无达标项				
操作	1.按照规定的流程和标准进行操作，如挖坑、栽种、浇水等。 2.注意安全，如佩戴手套、使用工具等。 3.定期进行维护					
成果	1.种植的植物成活率高，生长状况良好。 2.种植的植物具有美观性和实用性。 3.种植的植物得到了其他师生的关注和赞赏	A.全部达标 B.达标二项 C.达标一项 D.无达标项				
态度	1.认真完成植物栽种的任务，表现出良好的团队合作意识和集体荣誉感。 2.关心植物的生长和繁殖，表现出良好的责任心和耐心。 3.主动学习植物知识和技能，提高自己在植物栽种和维护方面的能力					
备注	A——优秀；B——良好；C——合格；D——加油 总评：AAAA——优秀；AAA——良好；AA——合格；A——加油					

📖 成果展示

请将完成的"我为校园添点绿"的任务成果拍照或制作成视频在班级群中分享。

📖 实践感悟

通过此次"我为校园添点绿"活动，结合实际情况，思考一下以后应该如何较好地完成校园绿植养护工作。

_____

_____

_____

_____

📖 拓展

阅读书籍：《瓦尔登湖》

《瓦尔登湖》这本书是亨利·戴维·梭罗的经典作品，他描述了在一个小湖边的生活，其中包括他自己种植和收获食物的经历。这个故事启发我们思考自然和人类之间的关系以及我们如何能够更和谐地与自然相处。

观看影视剧：《荒野生存》

电影《荒野生存》是根据真实事件改编的，讲述了一个年轻男子在逃离社会和生活压力的过程中，经历了自我发现和重生的过程。这个故事启发我们思考自己的人生价值和意义，以及我们如何能够更好地与自然和他人相处。

思考：

《瓦尔登湖》与《荒野生存》都启发我们如何能够更和谐地与自然相处，请联系实际和社会问题，探讨如何通过个人行动和社会努力，改善和解决环境破坏、资源消耗、气候变化等问题。

3

模块三

社会劳动技能实践活动

任务一　社会服务劳动概述

是志愿者，亦是感恩者

2008年"5·12"汶川特大地震时，佘沙正在汶川县漩口镇上小学五年级，灾难中的她感受到了来自四面八方的大爱。

新冠疫情暴发后，在四川省人民医院当护士的佘沙第一时间请战驰援武汉。她说："因为我和其他护士不一样，我是汶川人。"直到四川省第三批援鄂医疗队出发，她才终于如愿入列，成为当批医疗队中最小的成员。出征前，她对着镜头立下誓言："12年前，我是受援者；今天，我是支援者，亦是感恩者。我永远不会忘记汶川地震时所受的帮助，我将尽我最大努力帮助他们。"

12年前，她的家乡受到了重创，面对突如其来的灾难，无数志愿者挺身而出，她感受到了来自四面八方的大爱。12年后，当疫情袭来之际，她毫不犹豫，毅然奔赴抗疫一线，用实际行动诠释了志愿精神。

（资料来源：网络相关资料整理改编）

想一想：

你怎么理解佘沙说的"我和其他护士不一样，我是汶川人"？

📖 学习目标

1. 了解志愿服务的内涵、志愿者精神。

2. 了解社区服务的内容。

3. 认可社会服务，主动参与社会服务。

4. 树立甘于奉献、乐于服务的劳动精神。

📖 理论学习

人是社会中最基本的要素，社区是社会有机体最基本的内容，是宏观社会的缩影。中职生虽身处校园，却也要开始独自面对复杂的社会并承担起对社会的责任，志愿服务、社区服务是中职生适应社会、融入社会的主要途径。

一、志愿服务

（一）什么是志愿服务

俗语云："赠人玫瑰，手有余香。"志愿服务并不是单方面的施与，志愿者在"助人""乐人"的同时，也收获着"自助""乐己"的快乐。2017年12月1日，国务院颁布的《志愿服务条例》明确指出，志愿服务是志愿者、志愿服务组织和其他组织自愿、无偿向社会或者他人提供的公益服务。因此，志愿服务是每一个人都可以参与的一种公益活动，它具有志愿性、无偿性、公益性和组织性四大特点。

志愿服务的范围很广，主要包括扶贫济困、助老助残、社区服务、生态建设、大型活动、抢险救灾、社会管理、文化建设、西部开发、海外服务等。每年的3月5日是中国青年志愿者服务日，12月5日是国际志愿者日。

（a）宣传天府健康通　　　　　　　（b）清理广场绿化带

图3-1-1　四川省威州民族师范学校志愿者开展志愿服务活动

📖 知识之窗

志愿者誓词

我宣誓，自愿成为一名光荣的志愿者，为使我们的国家和城市更美好、人民更幸福、环境更安全，我要团结身边的人，投身其间。面对需求，我要行动。

我承诺，我将竭尽所能，参加公益活动，帮助困难人群，真诚关怀有需要的人士，为他们带来温暖。

（二）志愿者精神

志愿者精神是一种互助精神，它提倡"互相帮助、助人自助"。志愿者凭借自己的双手、头脑、知识、爱心开展各种志愿服务活动，帮助那些处于困难和危机中的人们。1993年，团中央发起实施中国青年志愿者行动。1994年12月5日，胡锦涛同志在中国青年志愿者协会成立大会的贺词中指出，"使奉献、友爱、互助、进步的青年志愿者精神在青年一代中发扬光大"。

1. 奉献

"奉献"是不计报酬的给予，是一种爱，一种基于亲情、友情、爱情等感情之上，却高于其的大爱，是志愿服务精神的精髓。

据新华社报道，2008年汶川特大地震发生后的40天内，有超过130万人次的中外志愿者在灾区工作。汶川地震抗震救灾期间，共青团四川省委累计接受志愿者报名118万余人，有组织派遣志愿者18万余人，开展志愿者服务达178万人次。正是这些在灾难中挺身而出、义无反顾加入抗震救灾队伍的志愿者们，他们以一己微薄之力，撑起了一片人间大爱的天空。

2. 友爱

志愿服务精神提倡志愿者欣赏他人、与人为善、有爱无碍、尊重他人，这便是友爱精神。

志愿者之爱跨越了国界、职业和贫富差距，是没有文化差异、没有民族之分、没有收入高低的平等之爱。无国界医生组织就是这样一个国际性的志愿者组织，他们致力于为受武装冲突、流行病、疫病和天灾影响以及遭排拒于医疗体系以外的人群提供紧急医疗援助。2017年，无国界医生组织在全球拥有超过35000名员工。无国界医生组织成立以来，已为超过一亿名病人提供治疗，仅在2016年就提供9 792 200次门诊咨询。

3. 互助

"互助"体现着人们互相之间的帮扶，并非单指志愿者对受助方。志愿服务者以"互助"精神唤醒了许多人内心的仁爱和慈善，使他们付出所余，持之以恒地真心奉献。

"我是汶川人"而义无反顾地申请去武汉抗疫一线的佘沙，2008年地震时，她才上小学五年级，志愿者和人民子弟兵、白衣天使一起，将汗水和鲜血化成一缕缕温暖的阳光，洒在了地震灾区的每一个角落，也洒在了佘沙的心里，而正是这志愿之光让她在成长中照亮了更多的人，从"受助者"到"志愿者"，身份的转变传递着不变的爱心和责任。

4. 进步

"进步"是指志愿服务为各方带来的良好影响和对贡献志愿服务的一方直接的回馈。在志愿活动中无处不体现着"进步"的精神，正是这一精神使人们甘心付出，追求社会和谐之境的实现。志愿者们通过服务，不断提高自己的技能和知识，这种进步精神不仅仅是在服务中体现，更是在日常生活中体现，受助者因为得到帮助，当前困境得以解决，对社会满意度不断增加，更有利于社会和谐发展。

二、社区服务

社区服务是中职生社会实践活动的重要组成部分和志愿服务的重要形式。主要包括助老服务、儿童服务、垃圾分类、卫生打扫、健康宣传、普通话推广、安全宣传、技术服务等内容。目前，社区服务已成为我国中职学校开展劳动教育的重要形式，通过社区服务，可以激发当代中职学生为社区做贡献、为他人献爱心的责任意识，培养中职学生良好的社会公德意识、服务意识和社会实践能力，提升劳动素养。

📖 劳动实践

学雷锋、做先锋、树新风——志愿服务之行

50余载，雷锋精神光耀华夏，半个世纪，伟人号召响彻神州。在第61个学雷锋纪念日和第25个中国青年志愿者服务日来临之际，请各支部以"学雷锋、做先锋、树新风"为主题，组织开展一次志愿服务活动。活动过程以图片、短视频方式记录，活动结束后各支部出一期活动简报。

📖 任务评价

表3-1-1　"学雷锋、做先锋、树新风——志愿服务之行"劳动评价表

类别	内容	得分标准	自我评价	组内评价	教师评价	总评
任务标准	劳动观念	A.发自内心认可团队劳动成果。 B.认可自己的劳动成果，理解团队的劳动成果。 C.否认团队劳动成果，指责团队成员				
	劳动精神	A.积极承担志愿劳动，主动建言献策。 B.有选择地承担志愿劳动。 C.不主动承担志愿劳动				
	劳动形式	A.志愿服务形式新颖，有创新。 B.志愿服务形式常规，有借鉴。 C.志愿服务形式模仿，无创新				
	劳动效果	A.实现活动预设目标。 B.70%实现预设目标。 C.未实现预设目标				
说明	AAA——优秀；AA——良好；A——合格；无A则加油					

📖 成果展示

请将活动过程拍照或制作成视频在班级群中分享，将活动简报发于美篇。

📖 实践感悟

有人说"学雷锋志愿服务，就在每年的学雷锋纪念日做做就行了"，结合本课所学，谈谈你对志愿服务的认识。

_____

_____

📖 拓展

1. 聆听歌曲《青年志愿者之歌》。

2. 观看电影《生命的感叹号》。

思考：

在我们的身边，有无数的志愿者，或许你就是其中的一位，志愿者们或助老、或助农、或扶幼、或关注环保……时代在变，志愿精神不变，未来，你将如何加入或者延续志愿服务之行，请谈谈你的想法。

任务二　颁奖礼仪志愿活动

　　小丽是中职一年级的学生，学校礼仪志愿服务队招纳新成员，她想去试试。高年级的学姐对她说，礼仪志愿服务平时训练很辛苦，并且学校或者县里大大小小的活动都需要她们去做志愿服务，浪费很多学习时间，还没有一点报酬，建议她不去。听了学姐的话，小丽犹豫了，她是否要参加呢？

📖 学习目标

　　1.熟记颁奖礼仪志愿活动的基本流程。

　　2.知晓颁奖礼仪志愿活动的基本要求。

　　3.掌握颁奖礼仪志愿活动的基本技能。

　　4.积极投身志愿服务，参与志愿劳动。

　　5.从日常礼仪入手，争做文明中职生。

📖 任务实施

一、知识学习

颁奖流程如下：

（1）导位志愿者引领获奖人上台。

（2）礼仪志愿者用托盘托住奖品上台。

（3）导位志愿者引领颁奖人上台。

（4）礼仪志愿者双手递呈且鞠躬让颁奖人接过奖杯、奖状或证书。

（5）礼仪志愿者下台。

（6）等颁奖人和获奖人合照留念后，导位志愿者分别把颁奖人和获奖人引导回位。

二、任务准备

1. 着装准备

着统一服装，化淡妆，按要求扎好头发等。

2. 工具准备

托盘、奖杯、奖状、奖品等。

三、具体实施

仪表干净整洁，仪态得体大方，举止有礼有节。

（一）仪容

1. 面必洁

面部、脖颈干净清爽，女生化淡妆，避免化妆过浓，避免香水喷洒过多；男生每天剃须，不留长鬓角，及时修剪鼻毛。

2. 发必理

头发勤于梳洗，无头屑、无异味、不油腻。

女生发型四不宜：刘海儿不宜挡眼睛、侧发不宜遮面庞、后发不宜过肩膀、盘发不宜使用花里胡哨的发饰。

男生发型三不宜：前发不宜触额、侧发不宜掩耳、后发不宜及领。

3. 手必净

勤于洗手，不留长指甲，指甲缝无污垢，不涂过于鲜艳或彩色图案的指甲油。

4. 衣必整

着装必须统一、干净、整洁、挺阔、无个人配饰。

图3-2-1　女生志愿者仪容

（二）仪态

1. 站姿

头正、颈挺直、双肩展开向下沉，两腿并拢、膝盖挺直，收腹、立腰、提臀。

双目平视，嘴唇微闭面带微笑，掌心伸直，手腕放平，大臂和胳膊肘架起来，放于肚脐的位置。

可站成"丁"字形或"V"形。

"丁"字形站姿：脚尖正向前方，一只脚脚后跟靠近另一只脚脚窝处，斜向前方45度。

"V"形站姿：脚后跟靠拢，脚尖微微张开一个拳头的宽度。

（a）正面站姿　　　　　　　（b）侧面站姿

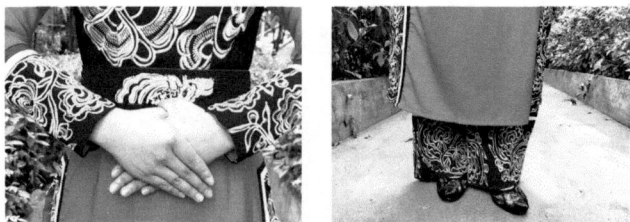

（c）站姿手位 　　　　（d）"丁"字形站姿

图3-2-2　站姿

2. 走姿

以站姿为基础，面带微笑，眼睛平视。

上体正直，双肩放松，双臂前后自然地、有节奏地摆动，脚步轻而稳。

重心稍前倾，行走时，大腿发力带动小腿，脚跟先着地，再至脚尖，步幅适当，走路有节奏感。

图3-2-3　走姿

3. 引导

四指并拢，拇指微微往回收，以肩关节为轴，手从腹前抬起向右（左）摆动至身体右（左）前方，目视来宾，面带微笑。

引导宾客时，需注意行走速度，在宾客的侧前方2—3步，随着宾客的步伐保持适当的行走速度。

（a）站姿引导　　　　　　（b）引导手势

图3-2-4　引导

（三）托盘

四指端托盘，大拇指放在托盘外沿侧，托盘高度为肚脐上方约1拳位置，托盘离身体约1拳位置，小臂基本与臂面平行。

（a）托盘正面图　　　　　　（b）托盘侧面图

图3-2-5　托盘

四、注意事项

（1）当主持人宣布获奖名单时，礼仪志愿者站在最前面，获奖人根据领奖顺序依次站好。

（2）当念到第一个获奖人时，由礼仪志愿者引领获奖人上台。

（3）礼仪志愿者走到主席台最前端，而后转身，示意身后获奖人停住，面向颁奖领导准备领奖。

（4）本批获奖人领完奖后，由礼仪志愿者引领下台。

📖 任务评价

表3-2-1 颁奖礼仪志愿活动评价表

类别	评价内容	得分标准	自我评价	组内评价	教师评价	总评
任务标准	劳动精神	A.积极承担颁奖志愿劳动，吃苦耐劳。 B.有选择地承担颁奖志愿劳动。 C.不主动承担颁奖志愿劳动				
	仪容仪表	A.干净整洁，规范得体。 B.着装不够规范，妆容不自然。 C.面部、头发、手部、着装未按要求整理				
	行为举止	A.有礼有节，规范大方。 B.扭捏害羞，不自然。 C.无礼仪				
	劳动效果	A.主办方、嘉宾、社会均满意。 B.主办方、嘉宾、社会满意度不高。 C.主办方、嘉宾、社会不满意				
说明	AAA——优秀；AA——良好；A——合格；无A则加油					

📖 成果展示

练习基本礼仪，争做新时代文明中职生。

📖 实践感悟

中国素有"礼仪之邦"之称，除颁奖礼仪外，你还知道哪些礼仪？

_____

_____

_____

拓展

1. 阅读书籍《志愿服务礼仪》。

2. 观看智慧职教课程"幼儿教师礼仪"。

3. 观看纪录片《奥林匹克烙上中国印》。

思考：

要收获多少赞美就要承受多少痛苦，我们看到的是礼仪志愿者们仪态得体大方，举止有礼有节，但我们没有看到的是她们日复一日艰苦地训练。请结合你的成长经历，谈谈你最自信的事以及为此事你所付出的努力。

任务三 野外拓展

在周末、节假日离开城市快节奏的生活，去融入山野，走进大自然，享受一份恬静，享受一份自由！徒步、登山、露营……这是很多人想做、正在做和准备做的事。选一个露营地，约上三五个朋友，离开城市的浮躁，心一下就静了下来。

某社区要组织一次野外的体能训练——徒步、登山，并且在野外进行露营的活动，希望我们学校体育运动训练专业的学生，能够给他们提供相关的野外体能训练、露营地建设等活动服务。

📖 学习目标

1. 了解户外生活、生存技能和户外急救知识。

2. 掌握野外营地建设的基本知识和技能。

3. 运用体育专业知识，积极开展户外体能训练，参加服务社会活动。

4. 认可劳动具有强身健体的价值，合理的劳动可以促进个体身心健康的观念。

5. 培养团队劳动协作精神，体会劳动带来的社会服务价值。

📖 任务实施

一、知识学习

（一）营地的选择与建设

1. 选择营地：营地要安全、平坦

扎营地的选择最好是宽阔、地势较平缓的地方。附近靠近有村庄、有房屋、有挡风挡雨的更佳，这样如果在野外发生意外，方便进行营地转移和求救。不能将营地选择在河滩上，因为一旦发生暴雨就会引发河水上涨、山洪暴发等，会有很大的安全隐患。很多人为了方便看日出，选择山顶做营地，其实在山顶会出现一些不方便的因素，如夜里温度低、通信信号也不太好，最好选择在800米或者2/3的高度。

2. 建设营地

图3-3-1　露营营区

帐篷区：搭建在背风的地方；帐篷门口，朝向统一；帐篷间距1米；在山野露宿时在帐篷区外用石灰、雄黄粉等刺激性物撒一圈，防止蛇虫鼠蚁等的骚扰；在扎帐篷的区域外围，设一道营地触发报警绳缓冲区，如果有动物进来触发报警，必须紧急起来察看，以免发生意外。

用火区：用火要距离帐篷区10米外，防止发生火灾。遵守野外用火的相关规定，一般不能使用明火。若野外用火、灭火时，将余火用水浇灭，再用土覆盖，确定火已完全灭后，再仔细清扫灰烬残渣，将周围恢复原状。

活动娱乐区：为了防止活动的灰尘污染，活动娱乐区应该离就餐区、用火区有一定的距离。

3. 平整营地

选择了露营点后，利用锄头、铲子等工具将营地区域打扫干净，清除各种不平整、带刺、带尖物的东西，不平的地方可用土或毛草等物填平。

（二）野外露营装备

帐篷：防风防水性能好，体积小、重量轻方便携带。

图3-3-2　帐篷

睡袋：春夏0℃—15℃的棉睡袋，秋冬羽绒睡袋。

图3-3-3　睡袋

防潮垫：能够防滑、尺寸较大。

图3-3-4 防潮垫

二、野外徒步、登山知识

1. 运动鞋的选择

轻便透气的运动鞋是野外徒步的最佳选择。一般的运动鞋、野跑鞋适宜平缓、短途徒步；中高帮的徒步鞋抓地性较强，能够保护脚踝，适宜中距离的徒步；高帮的登山靴适宜攀登有难度的负重的长线徒步。

2. 衣物的选择

户外徒步或者登山的着装以轻便、透气、舒适为主。适宜户外的速干衣裤、防风衣裤、防晒衣裤等都是不错的选择。野外蚊虫较多，尽量不要暴露皮肤。为了保护膝盖，最好戴上护膝。

3. 其他装备

对于长线或者是有上下陡坡的路段，准备登山杖可以省力。

野外徒步或者登山，难免会出现身体不适的情况，可以适当准备一些防蚊虫，防中暑，防擦伤、扭伤等急救药品，也可以准备些诸如巧克力、运动饮料等能够迅速补充能量的食物。

夜行或露营，需配备头灯或手电筒，如徒步时间长，电池要备足，另外注意一定要配备防风打火机。

4. 注意事项

最好结伴同行，途中如果遇到突发情况，可相互有个照应。

出发前对于目的地天气、路况等做充分的了解，做好充足准备。

出发前要保证身体状况适宜徒步或登山。

在徒步或者登山过程中要掌握好速度，合理分配体能，及时补充能量。

三、野外活动应急预案

1. 天气突变等不可抗因素

野外活动遇到天气突变，下暴雨、刮大风等有一定危险因素的情况时，必须尽快撤离到安全地点。

2. 医务应急

在野外活动中，受伤生病发生率较高，应随时携带备有常用药及救护品的急救箱。

表3-3-1　医务应急

症状	处理方法
摔伤	手脚轻微撞伤可冷敷患处，再将其抬高于心脏； 头部撞伤后若发生呕吐现象，必须尽快送医院
烫伤	因野外点火而烫伤时，先用水冷敷，用水缓缓冲洗患部十分钟，然后再请医生处理
昏厥	大多是由于摔伤、疲劳过度、饥饿过度等原因造成的。 症状：脸色突然苍白，脉搏微弱而缓慢，失去知觉。 处理：不必惊慌，一般过一会儿便会苏醒。醒来后，应喝些热水，并注意休息
中暑	症状：突然头晕、恶心、昏迷、无汗或湿冷，瞳孔放大，发高烧。 处理：立即在阴凉通风处平躺，解开衣裤带，使全身放松，再服藿香正气水等药。发烧时，可用凉水浇头，或冷敷散热。如昏迷不醒，可掐人中穴、合谷穴使其苏醒
昆虫叮咬	处理：皮肤暴露部位涂搽防蚊药；不在潮湿的树荫和草地上坐卧；遇到蚂蟥叮咬时，不能硬拔，可用手帕或用肥皂液、盐水、烟油、酒精滴在其前吸盘处，或用燃烧着的香烟烫，让其自行脱落，然后压迫伤口止血，并用碘酒涂搽伤口以防感染。在鞋面、鞋袜和裤脚等地方涂些肥皂液、防蚊油，也能预防昆虫叮咬

四、具体操作

（一）前期准备

（1）组织参与者学习相关野外露营、徒步、登山的知识。

（2）提前踩点确定野外体能训练路线和露营地点，排除安全隐患。

（3）成立野外拓展活动志愿者服务委员会，根据活动内容分配职责。

请完成表3-3-2内容。

表3-3-2　任务分配表（此表仅供参考）

负责人	职责
总负责人	
组长	
安全委员	
医务人员	
装备委员	
伙食委员	
环保委员	
摄影委员	
备注	

（4）练习并达到熟练掌握有关野外活动中的技能。

（二）参与实践活动

（1）在野外体能训练徒步、登山的过程中，志愿者各司其职。

（2）途中遇到突发情况时按照预案冷静处理，给予参与者适当的帮助。

（3）到露营地后，各组按照各自的任务开始进行露营营地建设。

注意：在平整营地、建设营区中，一定要注意安全。

任务评价

表3-3-3　野外拓展的评价表

项目	内容
劳动精神	A.能够主动承担任务，帮助他人，出色地完成任务，在团体的劳动协作中表现突出。 B.能承担部分任务，适当帮助他人。 C.不愿意承担任务
劳动知识	A.掌握三项及以上知识。_____ B.掌握两项知识。_____ C.掌握一项知识。_____
劳动技能	A.学会三项及以上的技能。_____ B.学会两项的技能。_____ C.学会一项的技能。_____
劳动效果	A.成功完成徒步、登山、扎营等任务。 B.基本完成徒步、登山、扎营等任务。 C.未完成拓展任务
自我评价	
组内评价	
教师评价	
总评	
说明	AAA——优秀；AA——良好；A——合格；无A则加油

成果展示

请将活动过程中完成的任务成果拍照或制作成视频在班级群中分享。

📖 实践感悟

1. 你对野外拓展训练还有哪些更好的建议？

_____

_____

_____

2. 通过这次活动，你有哪些收获?

_____

_____

_____

📖 拓展

观看纪录片《荒野求生》。

思考：

作为一名社区体能训练志愿者，请你为社区小学生制订一份为期半年的合理、有效提升身体素质的方案。

任务四　垃圾分类

据估算，目前全国生活垃圾年产量为4亿吨左右，并且大约以每年8%的速度递增。如果没有垃圾分类，随意丢弃的垃圾里，伴随着玻璃碎片、塑料泡沫、针头，甚至各种有害物质，很容易造成意外伤害；如果没有垃圾分类，那些通过掩埋处理的垃圾，我们只能等待它们的自然降解，一个易拉罐需要200年才能完成降解，一个外卖盒则需要450年，并且它们侵占了农田，污染了地下水，污染了大气，给环境造成不可磨灭的损害。垃圾分类回收后，很多垃圾可以被再利用，减少污染，每回收1吨废纸可造850公斤好纸，节省300公斤木材；每回收1吨废钢铁可炼0.9吨好钢，比用矿石冶炼节约成本47%，减少空气污染75%，减少水污染和固体废物97%。

所以，推行垃圾分类势在必行。

📖 学习目标

1. 了解垃圾分类的知识和整理方法。

2. 会整理并正确分类垃圾。

3. 树立环保意识，节约资源。

4. 养成自觉分类垃圾的劳动习惯。

📖 **任务实施**

一、知识学习

1. 生活垃圾分类知识

生活垃圾分为四大类：可回收垃圾、有害垃圾、厨余垃圾和其他垃圾。

表3-4-1 生活垃圾分类表

分类	具体垃圾	垃圾桶
可回收垃圾	"玻金塑纸衣" 1.玻璃瓶罐、平板玻璃及其他玻璃制品。 2.铁、铜、铝等金属制品。 3.包装塑料和容器塑料等。 4.报纸、杂志、旧书、纸板箱及其他未受污染的纸制品等。 5.旧纺织衣物、鞋帽和纺织制品等	
有害垃圾	"汞灯药池漆" 1.废旧水银温度计、废血压计等。 2.废旧灯管灯泡（日光灯管、节能灯等）。 3.家用化学品类：废药品及其包装物，废杀虫剂、消毒剂及其包装物、废胶片、废相纸等。 4.废电池（镉镍电池、氧化汞电池、铅蓄电池等）。 5.废油漆、溶剂及其包装物	
厨余垃圾	1.居民日常生活过程中产生的菜帮、菜叶、瓜果皮壳、剩菜剩饭、废弃食物等家庭厨余垃圾。 2.农贸市场、农产品批发市场等场所产生的蔬菜瓜果垃圾、腐肉、肉碎骨、蛋壳、畜禽产品内脏等其他厨余垃圾。 3.相关企业和公共机构在食品加工、饮食服务、单位供餐等活动中，产生的食物残渣、食品加工废料和废弃食用油脂等餐厨垃圾	
其他垃圾	1.受污染与不可再生利用的纸张：卫生纸、湿巾纸等其他受污染的纸类物质。 2.不可再生利用的生活物品：受污染的一次性用具、保鲜袋、妇女卫生用品、尿不湿、受污染织物等其他难回收利用的物品。 3.灰土陶瓷：灰土、陶瓷及其他难以归类的物品	

2. 垃圾分类操作流程

适量积攒→打捆扎口→对应投放。

二、任务准备

各种垃圾若干、垃圾桶、垃圾袋、绳子、剪刀。

三、具体实施

（一）可回收类垃圾整理

合理放置，节约空间。

1. 玻璃类垃圾

清空瓶内物品→撕掉标签、去掉瓶盖→简单清洗瓶子→单独包装，如果玻璃有尖锐边角的，应将其仔细包裹后再投放。

2. 金属类垃圾

（1）金属容器。清空瓶内物品→压扁。

（2）尖锐金属。使其钝化或用硬纸包裹。

图3-4-1　啤酒罐整理

3. 塑料类垃圾

清空瓶内物品→撕掉标签、去掉瓶盖→简单清洗瓶→压扁。

4. 纸类垃圾

（1）本子、报纸类。纸张铺平、避免揉团→压实→打捆。

（2）包装盒类。清空内容物→拆分→折叠压实→打捆。

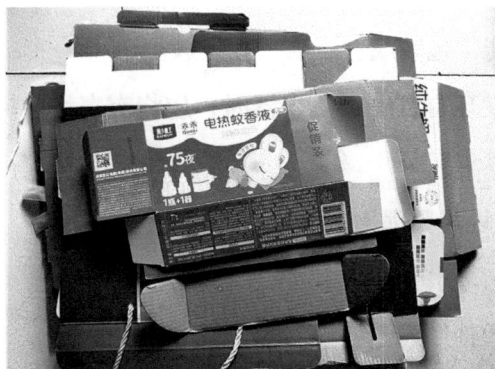

图3-4-2 包装盒整理

5. 纺织类垃圾

（1）不可回收类。如果衣物污损严重，则不可回收，属于其他垃圾。

（2）可回收类。清洗晾晒→折叠整理→打包→投放至专门的回收点。

（二）有害类垃圾整理

物品完整，单独包装，轻拿轻放。

1. 含汞类垃圾

破损水银温度计处理：

（1）通风。疏散家人和宠物，开窗通风。

（2）收集。戴上乳胶手套及口罩，用纸片收集洒落在地面上的汞珠，将其放入封口小瓶内。

（3）加水。小瓶内加少量的水，以免水银蒸发。

（4）处理。将瓶盖用胶带封死并加以标示，清理材料、手套等放进垃圾袋并注明"废弃温度计"。

未破损水银温度计处理：

将其多层独立包装，避免损坏，标记"废弃温度计"，投放入指定垃圾箱内。

2. 药品类垃圾

废弃药品宜连带包装或包裹后一并投放。

注意：当未发现有害垃圾收容器时，应将有害垃圾携带至设置有有害垃圾投放点再投放。

（三）厨余类垃圾整理

去除包装，沥干水分，及时投放。

1. 厨余垃圾做到四无

无玻璃陶瓷、无金属杂物、无塑料橡胶、无餐巾纸张。

2. 流质垃圾处理

纯流质的厨余垃圾如牛奶等，应直接倒进下水口。

3. 沥干水分

厨余垃圾应尽量沥干水分，避免带汤水直接倒入垃圾桶。

4. 投放垃圾

将厨余垃圾倒入厨余垃圾桶，塑料袋则另扔进其他垃圾桶。

（四）垃圾投放

1. 按垃圾分类标志，分别投放到指定的地点和容器中。

2. 文明揭开垃圾桶盖，避免损坏公物。

3. 待走近垃圾桶后，轻放垃圾，文明倒垃圾。

4. 沥干厨余垃圾的水分，避免在投放过程中残汁滴漏，污染环境。

5. 投放后应及时盖好垃圾桶盖子，避免垃圾污染周围环境，滋生蚊蝇。

6.投放垃圾后，应及时洗手。

📷 知识之窗

垃圾危害知多少

1.污染水源

垃圾在堆置或填埋工程中，会产生大量酸性、碱性的有毒物质，生活排放出来的垃圾含汞、铅、镉等废水，渗透到地表水或地下水会造成水体黑臭、地下水浅层不能使用、水质恶化。

2.污染空气

在垃圾区，由于焚烧或长时间的堆放，垃圾腐烂霉变，释放出大量恶臭、含硫等有毒气体，粉尘和细小颗粒物随风飞扬，致使空气中二氧化硫悬浮颗粒物超标。酸雨现象、扬尘污染频频发生。

3.侵蚀土地

据统计，中国每年产生垃圾30亿吨，约有2万平方米耕地被迫用于堆置存放垃圾。土地退化，荒漠化现象非常严重。由于大量塑料袋、废金属等有毒物质直接被填埋或遗留土壤中，难以降解严重腐蚀土地，致使土质硬化、碱化，保水保肥能力下降，农作物减产，甚至绝产，影响农作物质量。

4.危害健康

垃圾中，有毒气体随风飘散，空气中二氧化硫、铅含量升高，危害人体健康。

5.影响经济

据调查，中国70%的垃圾存在着利用价值，如果全部回收利用，每年可获利160亿元，对于经济发展和增加就业岗位极为有利。反之，则会造成资源的更大浪费，资源紧张和生态失调局面日趋加重。最终，势必将影响与阻碍经济的顺利发展。

📖 任务评价

表3-4-2　垃圾分类劳动评价表

类别	评价内容	得分标准	自我评价	组内评价	教师评价	总评
任务标准	劳动精神	A.发自内心赞同垃圾分类。 B.被动赞同垃圾分类。 C.不赞同垃圾分类				
	劳动行为	A.积极践行垃圾分类。 B.被动开展垃圾分类。 C.不进行垃圾分类				
	劳动技能	A.熟练、准确地进行垃圾分类。 B.借助媒体等帮助进行垃圾分类。 C.不能进行垃圾分类				
	劳动效果	A.正确进行垃圾分类。 B.基本正确，偶尔出错。 C.经常出错				
说明	AAA——优秀；AA——良好；A——合格；无A则加油					

📖 成果展示

在教室卫生角开展垃圾分类，将垃圾正确投放至学校垃圾桶内，班内讨论、分享垃圾分类操作细节。

📖 **实践感悟**

有人认为垃圾分类就是把放一个桶里的垃圾放在了四个桶里，你认同这个观点吗？请结合你的体会谈谈垃圾分类最重要的是什么？

_____

_____

_____

📖 **拓展**

1. 观看纪录片《为中国找水》。

2. 观看电影《塑料星球》。

思考：

请设计一份班级或者家庭垃圾分类计划，并遵照执行。

任务五　助老服务

　　周六，小刚怀着激动又忐忑的心情参加了学校组织的社区助老服务实践活动。到了社区，大家开始了清扫、整理内务、聊天、做饭等助老服务行动，一切都在按原计划有序进行着……正准备离开时，一位爷爷拿出血压仪，请小刚帮他量一下血压，小刚一下就蒙了，他从来没有接触过血压测量，根本不知道怎么操作。小刚心想早知道就多学习一些劳动技能，以备不时之需。

学习目标

　　1. 了解血压测量的基本知识。

　　2. 会使用上臂式电子血压计测量血压。

　　3. 能主动帮助老人测量血压，并积极学习其他助老服务。

　　4. 在助老过程中，树立尊老敬老意识，提升社会责任感。

任务实施

一、知识学习

1. 血压计的选择

《国家基层高血压防治管理指南（2017）》建议选择经过认证的上臂

式电子血压计或符合标准的台式水银柱血压计，定期校准。由于环保要求，台式水银柱血压计已逐渐退出社会，因此本课以上臂式电子血压计为例。

2. 血压测量最佳时间

（1）早晨6：00—8：00。

（2）下午4：00—6：00。

（3）晚睡前。

3. 高血压分级标准

表3-5-1　18岁以上成人的血压水平和分级

类别	收缩压（毫米汞柱）	舒张压（毫米汞柱）
正常血压	<120	<80
正常高值	120—139	80—89
高血压	≥140	≥90
1级高血压（轻度）	140—159	90—99
2级高血压（中度）	160—179	100—109
3级高血压（重度）	≥180	≥110
单纯收缩期高血压	≥140	<90

二、任务准备

工具准备：电子血压计。

其他准备：洗手消毒，温暖双手，协助老年人卷袖。

开机前检查：电源线是否连接牢固，是否绊脚；臂带和空气管是否正确安装。

三、具体实施

1. 安静放松

（1）测前30分钟。不抽烟、不喝酒、不喝咖啡和茶、不运动。

（2）测时。不憋尿，坐位安静休息5分钟后再测，测时不说话，不看手机。

坐位：坐于书桌或餐桌旁，两腿自然平放，小臂搭在桌子上，手放松，手掌朝上，肘窝呈钝角，背部挺直放松。心脏、肱动脉、血压计在同一水平线上。

如果老人不方便坐立，则取平卧位：平躺于床上，伸直肘部，手掌平放向上。

注意：冬天衣服穿得厚，不可直接将衣服袖子撸上去，以免人为产生止血带的效应，应尽可能脱掉一只袖子。

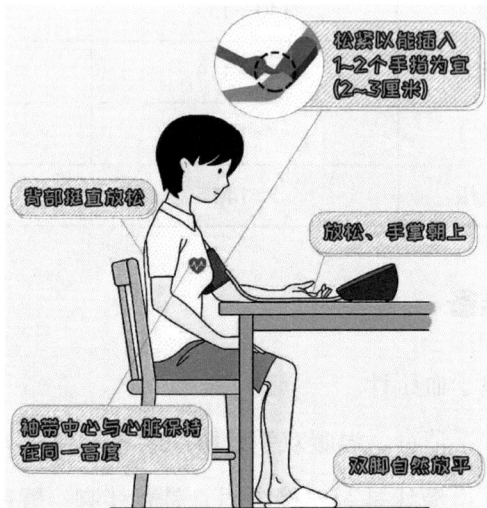

图3-5-1　正确测量姿势（图片转自网络）

2. 位置规范

臂管朝下，袖带下缘距肘窝2个横指，袖带中心与心脏处于同一水平线，袖带松紧以能插入1—2个手指为宜。

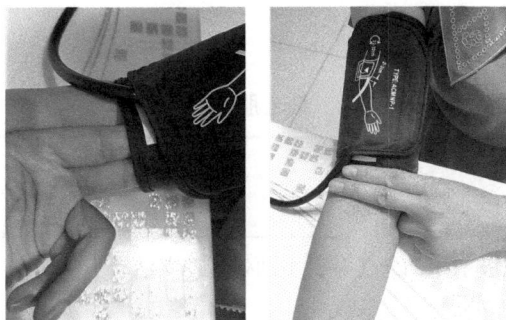

图3-5-2 血压带位置

3. 读数精准

测量结束后，准确读出血压数值。

图3-5-3 测量结果

如图3-5-3中测量结果为：高压97毫米汞柱，低压65毫米汞柱，血压正常。

测量完后，协助老人穿好衣服，收拾仪器，洗手消毒，做好记录。

4. 注意事项

（1）初次测量血压时，左右上臂均测，以血压高的一侧为准。

（2）多次测量数据不同时，取平均值。

📖 任务评价

表3-5-2　助老服务劳动评价表

类别	评价内容	得分标准	自我评价	组内评价	教师评价	总评
任务标准	劳动精神	A.积极承担助老任务，主动处理助老活动中的问题。 B.有选择地承担助老任务。 C.不主动承担				
	劳动态度	A.敬老爱老、耐心细心。 B.偶有不细心、不细致。 C.敷衍了事，不耐烦				
	照护技能	A.标准并熟练地测量血压，自主解决测量中遇到的问题。 B.不熟练，偶有出错，积极解决测量中遇到的问题。 C.不会测量，未解决测量中遇到的问题				
	劳动效果	A.规范准确测量出血压。 B.基本测量出血压。 C.未准确测量出血压				
说明	AAA——优秀；AA——良好；A——合格；无A则加油					

📖 成果展示

请写出你在助老服务中的感受，字数300以内。

📖 实践感悟

在社区助老服务中，我们还可以从哪些方面照顾老人呢？

_____

_____

_____

📖 拓展

1. 观看电影《一切如你》。

2. 观看视频《感动中国2016年度人物之王兰兰》。

思考：

在我们的家里，有需要照顾的爷爷奶奶外公外婆；在社会上，有需要照顾的空巢老人……作为中职生，你将如何践行助老服务呢？

4

模块四

生产劳动技能实践活动

任务一　枇杷树的管理

　　《本草纲目》记载"枇杷能润五脏，滋心肺"，枇杷的全身都是宝，除果实外，枇杷花、枇杷核等都有各自的功效。枇杷果含有各种果糖、葡萄糖、铁、钙以及维生素A、维生素B、维生素C等营养素。枇杷全身都是宝，既是一种营养价值高的水果，也是诸如川贝枇杷膏之类中成药的原材料。

　　在学校的劳动实践基地种植有几棵枇杷树，每年的4月是枇杷果成熟的季节，金灿灿的枇杷果挂满树枝，让人垂涎三尺。

图4-1-1　校园枇杷树

📖 学习目标

1. 思政目标

养成良好的劳动习惯，体会到劳动带来的乐趣，认识到劳动的价值。

2. 知识目标

了解并能运用果树的管理知识。

3. 实践目标

能够积极主动地参与劳动，掌握一定的有关枇杷树管理的技能。

📖 任务实施

一、枇杷树的管理知识

（一）果树修剪

为了增加树体的通风透光，使养分更加集中，一般在春季和秋季修剪。3月的春剪，主要是把衰弱、老化、过密、病虫害的枝条剪除，不宜修剪过多。秋季修剪，主要是剪掉细小的枝条；长势弱小的结果枝，适当进行短截；刚萌发的新枝，要将过多的弱枝疏剪，保留一个至两个即可。

注意：修剪时不要削去过多的叶子和新芽。修剪后，要在伤口处涂抹波尔多液。

（二）病虫防治

表4-1-1　病虫防治

类别	表现	防治方法	备注
病害	危害枝叶：芽枯病、叶斑病、污叶病等	清除病枝病叶，雨季做好排水，在新叶长出后喷波尔多液，发病初期喷多霉清等，加强果园管理	喷洒药物注意做好防护，按照说明以一定的比例进行稀释
	危害果实：紫斑病	果实套袋	

续 表

类别	表现	防治方法	备注
虫害	危害枝叶：黄毛虫、刺蛾、舟蛾、食心虫、蚜虫等	选用针对性的药剂进行消杀，冬季翻土清除越冬虫茧，树枝蛀虫孔用蘸取了药液的棉花塞入孔内，再用黄泥封堵洞口，用石灰水涂树干，加强管理	

紫斑病：果实上的紫红色锈斑，只影响外观，不影响肉质。在枇杷果实成熟后期突然出现，与阳光照射有关

图4-1-2 紫斑病

（三）适当水肥

1. 浇水

根据土壤湿度、气候条件而定。春夏季节通常每周浇水至少一次，避免阳光强烈的时候浇水；枇杷树结果后要减少浇水次数，有利于果实的质量和口感。

2. 施肥

成年枇杷树施肥

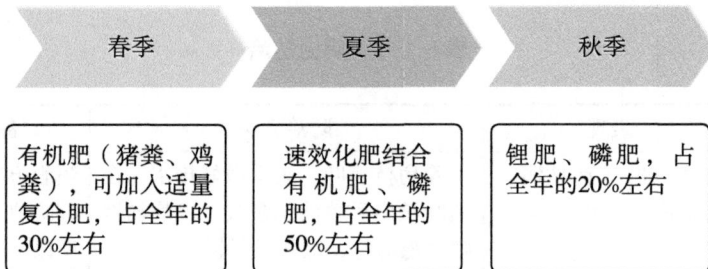

春季	夏季	秋季
有机肥（猪粪、鸡粪），可加入适量复合肥，占全年的30%左右	速效化肥结合有机肥、磷肥，占全年的50%左右	锂肥、磷肥，占全年的20%左右

图4-1-3 不同季节对应的肥料

（四）疏花疏果

1. 疏花

枇杷树的每个花穗有60朵以上，只有5%的花能成果。在10月中旬至11月，根据花量对过多的花穗从基部疏除，提高果树的坐果率。

2. 疏果

2月开始天气变暖和，按照每穗保留3—4个果实为宜，疏除部分小果、病果，确保产量。

3. 原则

强树少疏，弱树多疏，疏弱留强。

（五）果实套袋

图4-1-4 套袋后的果实外表美观，着色较好，品质和价值较高

为防止果实由于阳光过度照射产生紫斑病、鸟类的破坏、雨后阳光暴晒后裂果等因素，在疏果后适宜进行套袋。在套袋前一般都要喷杀虫杀菌剂，可以用旧报纸或者专用的果实袋，先从树顶开始，然后向下、向外套袋，袋口要扎紧。

（六）采摘

一手轻托果实，一手在果梗处将其摘下，避免擦伤果实表面的茸毛；采收后放在有软垫的果筐内，避免碰伤；采摘后的果实一般存储在干燥通风的地方即可。

二、劳动体验

1. 组织

利用学校劳动课时间，在劳动专兼职教师的带领下，每周对学校劳动实践基地的枇杷园地进行管理。

2. 实践

各班成立劳动小组，明确劳动任务，在劳动教师的指导下进行针对性的劳动。

3. 记录

每次劳动后，小组长在记录本上记录劳动的时间、内容、成效等，也可用手机记录下劳动瞬间。

4. 评比

每次劳动实践后，完成任务评价。每学期期末，劳动专职教师对各班级各小组的劳动情况进行总评，将劳动成绩计入学籍成绩册。

📖 任务评价

表4-1-2　枇杷树管理的评价表

内容	标准	等级	自评	组评	师评
思政	1.积极主动参与。 2.有团队协作精神。 3.能体会劳动的快乐	A.全部达标 B.达标两项 C.达标一项 D.没有达标			
枇杷树管理的知识	1.主动学习。 2.虚心请教。 3.善于思考，有创新				
劳动技能	1.修剪熟练。 2.适时适当进行浇水、施肥。 3.套袋方法正确。 4.疏花疏果合理				

内容	标准	等级	自评	组评	师评
职业素养	1.爱岗敬业。 2.有较强的服务精神。 3.责任心强				
总评					
备注	AAAA——优秀；AAA——良好；AA——合格；A——加油				

📖 成果展示

请将劳动活动过程中的精彩、难忘的瞬间，劳动的成果等与家人、朋友、同学一起分享。

📖 实践感悟

1. 你在参与学校枇杷树的劳动管理过程中有哪些收获?

_____

_____

_____

2. 我们校园还种植有石榴树、樱桃树、杏树等，请制订一份针对性的果树管理计划方案。

_____

_____

_____

📖 **拓展**

观看视频《感动中国2022年度人物之大学生村官杨宁》。

请通过新闻媒体频道观看更多像杨宁一样的感动中国人物的故事。让我们每个人都可以用实际行动去改变身边的世界，让更多的人受益。

任务二　马铃薯种植

马铃薯是营养价值较高且耐贮藏的一种一年生草本植物，有的地区也称之为土豆、洋芋等。马铃薯是我国五大主食之一，含有丰富的淀粉，其植株适应性强、产量大，是仅次于小麦和玉米的全球第三大重要的粮食作物。

📖 学习目标

1. 思政目标

培养吃苦耐劳的精神，感受劳动带来的快乐。

2. 知识目标

学会马铃薯种植的相关知识。

3. 技能目标

能熟练使用劳动工具，掌握马铃薯种植的技能。

📖 任务准备

1. 选地

选取适合马铃薯生长的田地。

2. 工具原料准备

铁锹、马铃薯、小刀、水桶。

图4-2-1　发芽的马铃薯

📖 任务实施

一、知识学习

1. 割块方法

容易出现的3个误区：①认为马铃薯割得越大越好；②怕伤芽把芽眼留在薯块中间；③割成薄片状。在割块时应掌握：每块马铃薯种重35—50克，紧靠芽眼边缘，将马铃薯割成三角形，每块要保证有1—2个芽眼。

割马铃薯时的正确方法：①割到病种马铃薯时要剔除，割刀要用75%酒精消毒后再使用；②要把前尖芽和后腚芽分放、分开播种，以利出苗整齐一致。

2. 施肥

马铃薯喜钾，忌氯化物。生产中存在着怕跑秧、施肥不足、偏施过量氮肥、追肥过晚等问题。马铃薯以钾需要最多，次为氮素，需磷较少。要避免追肥时间过迟、偏施过量碳铵等氮素化肥，要忌用氯化钾等含氯化肥。

3. 播种期

不少农村普遍存在怕播种早了冻坏种薯而把播种期推迟，使结果期遇到高温阶段，影响马铃薯膨大，造成人为减产的现象。马铃薯茎在地面下

10厘米深的温度达7℃—8℃时幼芽即可生长，10℃—12℃时幼芽就可苗壮成长。出土幼苗遇到0.8℃低温才会受冻，一旦气温回升到4℃以上还能从节部发出新茎叶继续生长。植株生长最适宜的温度为21℃左右，开花期最适宜温度为15℃—17℃，块茎生长发育最适温度为17℃—19℃，温度低于2℃或高于29℃时块茎就停止生长。

4. 播种

在日常马铃薯生产中，栽种过浅的现象较多。栽得过浅，可造成结果外露、青头，还可造成地下匍匐茎外露不能结果。栽种过浅，根系也扎得浅，其吸肥、吸水能力降低，植株不壮影响产量。较为合理的播种深度为10厘米左右，再加上中耕培土后，总埋深达15—20厘米。

5. 底墒、浇水

马铃薯一生中需水的关键时期是播种期和孕蕊开花期。进入盛花期是茎叶生长量最高峰期，这个阶段水分不足会影响植株正常发育和块茎迅速膨大，此期缺水一般要减产30%—40%，然而不少地区往往忽视底墒水和现蕊开花水。底墒不足宁愿造墒（或溜足沟水）适当晚播也不能干播等雨，地膜覆盖种植者底墒水充足更为重要。经多年的实践认为，春马铃薯浇水应掌握：浇（造）好底墒水、适当晚浇齐苗水、及时浇足蕊花水、收获前7—10天不要再浇水、收获时地面一定不能积水。

6. 轮作倒茬

马铃薯是忌重茬的作物，连作不倒茬的地块，不但产量越来越低，更重要的是病虫害发生严重。轮作与小麦、玉米、谷子等作物较好，最好不与茄科作物如茄子、西红柿、辣椒等交叉倒茬，因为与茄科作物有同类传染病交叉感染。

如因土地等原因实在不能倒茬，则一定要注意以下两点：一是根据马铃薯需要适时施肥；二是特别注意各种传染病的发生。

二、具体实施过程

1. 种子处理

将马铃薯块集中堆放，待芽长出2毫米左右即可播种，将土豆切成小块，每个小块上都要有芽点，伤口处还要蘸取草木灰，避免感染。

2. 土壤选择

选择中等以上肥力的疏松沙壤土。

3. 播种

在选取的播种地，用铁锹挖个坑，深度20—40厘米，把切好的块状马铃薯放入土中，用土掩埋距离坑边5厘米左右。然后用铁锹轻压周边，用水桶往坑里倒水，直到水从地下溢出少许即可。

4. 后期加强管理，做好生长过程的记录

土豆播种3—4个月后，果实成熟即可收获。

📖 **任务评价**

表4-2-1　马铃薯种植的评价表

内容	标准	等级	活动评价		
			自评	互评	师评
准备	1.能够选取合适的田地。 2.适合的马铃薯种	A.全部达标 B.达标一项			
操作	1.能正确处理种子。 2.种植方法正确。 3.完整记录劳动过程	A.全部达标 B.达标两项 C.达标一项			
成果	1.马铃薯果实饱满。 2.大果较多。 3.销售业绩达50%以上				

续 表

内容	标准	等级	活动评价		
			自评	互评	师评
态度	1.有一定的奉献精神。 2.能够吃苦耐劳,坚持完成任务。 3.体验到劳动带来的快乐、劳动的价值				
总评					
备注	AAAA——优秀;AAA——良好;AA——合格;A——加油				

成果展示

请将劳动过程中的精彩片段、劳动成果拍照或制作成视频在班级群中分享。

实践感悟

1. 你觉得在马铃薯的种植过程中还需注意哪些事项?请提出更好的建议和意见。

_____

_____

_____

2. 通过此次活动,你有什么样的收获?

_____

_____

_____

📖 **拓展**

阅读文章《聂守军代表：攥紧粮食种子　端稳"中国饭碗"》。

思考：

通过阅读，你收获了什么？作为一名中职生，请说一说发展农业的重要性。

任务三　田间管理

田间管理是指在田地生产中，作物从播种到收获的整个栽培过程所进行的各种管理措施的总称。作为中职生，走进乡村，体验生活，学习劳动技能，也是不错的人生体验。

学习目标

1. 思政目标

通过田间管理，树立热爱自然、热爱科学、热爱生命、热爱劳动的意识。

2. 知识目标

了解土质，学习翻土、除草这两项田间管理知识。

3. 技能目标

学会使用锄头、铁锹等劳动工具，掌握田间翻土、除草的技能。

任务准备

1. 劳动工具

锄头、铁锹等。

2. 防护品

手套、水杯、鞋套、简单的包扎消毒用品等。

3. 知识储备

学习有关田间管理的知识。

任务实施

一、知识学习

（一）翻土

1. 翻土技巧

（1）翻耕。用锄头或铁锹将土壤挖起，深度至少20厘米。挖起后将深层的土壤翻在上面晾晒，而原先的表土则埋入地下。

（2）捣碎。将土块捣碎，用耙理出一块一块的菜畦。菜畦要高出地面15—20厘米，这样不会积水。遇到大的石头或较硬的土块，应该拣出来扔掉。若是固体底肥，此时可以将肥料捣碎与土壤混合均匀。

（3）耙匀。把菜畦表面耙平整，不要有坑坑洼洼。

图4-3-1　田间翻土

2. 翻土的益处

（1）被翻耕过的土地会更加疏松，从而具有更强的透气性，这有利于土壤保存水分、氧气，为农作物的生长创造良好的条件。

（2）种植作物前翻耕地块可以让土壤充分受到紫外线的照射，其中的病菌、害虫会被灭杀，这样既能提高种子的出芽率，又能降低以后发生病虫害的概率。

（3）深翻土地后可以施入充足的腐熟农家肥（或其他有机肥），这有利于肥料渗入土壤，从而提高肥沃度，促进种子发芽和作物生长。

（二）除草

图4-3-2　田间除草

1. 方法技巧

（1）在除草过程中，抓住锄头的手要错开，除草时不能太用力，否则会把菜地的土翻出来。

（2）除草时要将每一处角落的杂草都清除彻底，否则杂草会吸食田间农作物的养料。

（3）把除出来的草堆放在一处，记得把草根上的土收拾干净，等草晒干后烧掉，用草木灰施肥。

2. 益处

（1）清除杂草后，减少了杂草对土壤养分和水分的吸收，同时也避免了杂草对阳光的需求。

（2）清除杂草改变了植物的空间结构，减少了占地面积，从空间上改变了农作物的密度，使得农作物有更多的空间进行空气的流动，加强了光合作用。

（3）杂草清除后留在土壤中，等到杂草被分解可以增加土壤的有机质含量。

二、劳动实践

1. 学校相关部门牵头，建立乡村劳动实践基地联系机制。

2. 利用劳动课、假期在劳动实践基地进行田间翻土、除草的生活体验。

3. 虚心向劳动人民请教学习田间管理的经验。

4. 记录劳动实践的过程、成果。

📖 任务评价

表4-3-1　田间管理的评价表

内容	标准	等级	活动评价		
			自评	互评	师评
准备	1.能够提前学习田间管理的理论知识。 2.选取适当的劳动工具	A.全部达标 B.达标一项			
操作	1.翻土、除草的方法正确。 2.未伤害田间农作物。 3.完整记录劳动过程	A.全部达标 B.达标两项 C.达标一项			
态度	1.劳动积极、主动。 2.有耐心、责任心	A.全部达标 B.达标一项			
总评					
备注	AAA——优秀；AA——良好；A——合格；无A则加油				

📖 成果展示

请将各自在田间劳作的过程记录下来，制作成PPT、短视频等在班级群分享。

📖 实践感悟

1. 在田间管理过程中还需注意哪些事项?

_____

_____

_____

2. 通过此次活动你得到了哪些收获?

_____

_____

_____

📖 拓展

阅读文章《农业强国 科技小院里的富农梦》。

思考:

从该文章中，你对农业的相关知识有了一定的认识，请谈谈怎样才能提高农业产量。

任务四　快递营销车厘子

网络销售是近几年兴起的一种最为快速、便捷的销售方式，对于农产品的销售更是一个好的渠道，同时也推动了国家经济的发展。

学习目标

1. 思政目标

运用网络销售农产品，培养责任感和使命感，体会劳动服务乡村的意义。

2. 技能目标

掌握网络销售车厘子的装箱、打包技能。

任务实施

一、车厘子装箱、打包方法

1. 选择合适的包装盒或袋子

在包装时必须确保所选的包装材料能够保持车厘子的完整和鲜美。传统的纸箱、塑料袋可以实现物美价廉的效果，但是如若要求长距离更安全舒适的运输状态就可以考虑一些高端大气的包装盒，例如泡沫箱或聚酯纤维素盒，能保持极佳的内部空间平衡。

2. 将车厘子尽可能分开包装

因为果子之间很容易相互压挤和摩擦，会导致果表面受损并加速氧化、腐烂等情况。

3. 填充保护材料

在包装时，应该将包装中空隙处填充其他材料以避免车厘子在快递运输过程中移动和碰撞。像泡沫颗粒或者芯片削片都是较好的填充选项，能缓解车厘子在运输过程中对盒体的震动压力。

4. 填写信息

在包装外盒上张贴填写正确的物流信息，包括商品重量、数量等，为顾客尽可能地提供顺畅有效的快递追踪服务查询。

5. 选择可靠快递公司

选择可信赖的快递公司往往比小型公司更能有效控制货品安全，所选供应商要有符合国家标准或其他资质证书，能够提供安全稳定的运输渠道服务。

6. 运输时间不宜过长

时间是最好的味增剂，运送的速度会影响到车厘子的新鲜程度。虽然依据目的地相距远近快递时长各异，但一般情况下还是建议选择较快的快递方式以防止车厘子在运输过程中过度老化或劣变。

二、任务准备

1. 成熟的车厘子

田间采摘新鲜的车厘子。

2. 工具原料准备

竹篮、塑料大筐、长梯、泡沫箱、冰袋、保鲜纸等。

三、劳动实践

1. 采摘

车厘子的果蒂一并摘取，不能捏果肉，轻摘轻放。

2. 选果

选取大小适中的、八成熟的、完好的鲜果进行打包。

3. 装箱

果子入盒后在水果表面上铺盖一层保鲜纸，然后再放上冰袋。

4. 打包发快递

用胶带将盒子密封，然后在外盒表面贴上填写正确的物流单。

图4-4-1　成熟
的车厘子

图4-4-2　车厘子
装盒快递

任务评价

表4-4-1　营销车厘子的评价表

内容	标准	等级	活动评价		
			自评	互评	师评
准备	1.采摘质量较好的车厘子。 2.相关物品准备齐全	A.全部达标 B.达标一项 C.无达标项			

续 表

内容	标准	等级	活动评价		
			自评	互评	师评
操作	1.选取适合销售的水果。 2.打包规范、方法正确。 3.填写正确、完整的物流信息单	A.全部达标 B.达标两项 C.达标一项 D.无达标项			
成果	1.劳动效率高。 2.打包及时，完成数量较多。 3.得到农户的赞赏				
态度	1.有责任心。 2.服务态度端正。 3.有吃苦耐劳的精神				
总评					
备注	AAAA——优秀；AAA——良好；AA——合格；A——加油				

📖 成果展示

收获的季节是喜悦的，请将你的劳动经历和成果分享给大家。

📖 实践感悟

通过此次任务，你对网络营销有怎样的认识？

_____

_____

📖 拓展

阅读文章《电子商务进农村示范项目助力青海藏区经济高质量发展》。

思考：

电商销售平台对于我国的农业经济发展起到怎样的推动作用？

5

模块五

专业劳动技能活动

任务一 幼儿保育实训室卫生清洁

幼儿保育实训室是学习和实践的场所，师生来往频繁，且实训室设备价格昂贵，因此做好幼儿保育实训室卫生不仅可以增加实训室设备的使用寿命，还可以提高学生的学习和实践效果。

📖 学习目标

1. 思政目标

培养劳动意识和劳动素养，树立正确的劳动观念，培养团队协作精神。

2. 知识目标

了解幼儿保育实训室卫生清洁的基本知识和技能，了解幼儿保育实训室设备的维护和保养知识。

3. 实践目标

能够主动熟练地进行幼儿保育实训室卫生清洁工作，养成自觉保持实训室卫生整洁的好习惯。

📖 任务实施

一、卫生知识

1. 实训室要经常开窗通风。

2. 打扫时，要保证地面墙面干净，玻璃明亮，纱窗上无灰尘。

3. 幼儿桌椅边、角、棱、腿擦拭到位，无尘垢、无积土。

4. 幼儿床铺床单平整，被子叠的大小与床宽窄一样，枕头平放其上，枕巾正面向上、平整。摆放有序，方向一致。

5. 幼儿玩具及其他幼儿物品使用合适的消毒方式进行消毒，每周彻底消毒一次，并取得合格消毒记录。

二、任务准备

1. 清洁工具和用品

扫帚、拖把、垃圾袋、吸尘器、清洁剂、消毒液、手套、口罩等清洁工具和用品。

2. 开窗通风

3. 移动物品方便清洁

将室内摆放的玩具、教具等物品移开，以便更好地清洁地面和墙壁。

4. 制订清洁计划

根据实训室的布局和清洁需求，制订详细的清洁计划，确保每个区域都能够得到彻底清洁。

三、劳动实践

第一步：清洁桌椅等表面。

将实训室内的桌子、椅子、柜子、设备等表面的垃圾清理干净，再使用清洁剂和湿抹布进行擦拭，注意清洁时要避免液体流入电器设备或地面。

第二步：清洁地面。

先用扫把打扫干净地面，再使用湿拖把来回拖地，注意清理角落和缝隙处的灰尘，如果地面有污渍或顽固污垢，可以使用清洁剂进行清洁。

第三步：清洁卫生间。

将卫生间内的墙面、地面、洗手盆等清洁干净，使用洁厕剂进行清洁，同时注意检查卫生间内的设施是否正常运作。

第四步：擦拭并整理物品。

将实训室内的教学用品、工具等物品用抹布擦拭并整理整齐，摆放有序。

第五步：检查与整理。

在打扫完毕后，需要对整个实训室进行一次检查，确保卫生和安全方面没有问题，如果发现有遗漏或需要改进的地方，及时进行处理。

图5-1-1　清洁后实训室一角（1）

图5-1-2　清洁后实训室一角（2）

任务评价

表5-1-1　卫生清洁的评价表

评价项目	评价内容	自评	组评	师评
操作流程	A.有制订实施计划。 B.工具准备齐全。 C.将物品挪开后进行清洁			
	A.实训物品、地面、角落清理彻底。 B.正确使用清洁剂和湿抹布。 C.清洁液体未流入电器设备			
	A.教学用品、工具等，整理整齐并摆放有序。 B.未损坏教学用品、工具。 C.全面检查实训室的安全问题			
职业素养	A.认真、积极、主动参与。 B.团队协作较好。 C.坚持完成任务			
总评				
备注	AAA——优秀；AA——良好；A——合格；无A则加油			

成果展示

各小组用照片形式分享你打扫的实训室。

📖 实践感悟

通过对幼儿保育实训室的打扫，你如何看待劳动的意义和价值？

_____

_____

_____

📖 拓展

1. 阅读书籍《小王子》。

2. 了解东汉名臣陈蕃的故事。

思考：

陈蕃欲"扫天下"的胸怀固然不错，但是他没有意识到"扫天下"正是从"扫一屋"开始的，"扫天下"包含了"扫一屋"，而不是"扫一屋"是断然不能实现"扫天下"的理想的。对此你是怎样理解的？

任务二　幼儿饮食

幼儿糕点是一种非常受欢迎的幼儿零食，这种零食不仅美味、小巧、方便幼儿食用，而且对于幼儿的成长和健康也有很多好处。同时，也非常适合幼儿在户外活动玩耍时携带，是一种非常受欢迎的幼儿社交食品。

学习目标

1. 思政目标

通过制作幼儿糕点，培养团队协作意识与责任意识，营造良好的团队氛围，热爱劳动、热爱生活。

2. 知识目标

学会一些幼儿糕点制作的基本技能和方法，了解与幼儿相关的食品卫生知识。

3. 实践目标

通过制作幼儿糕点，培养实际动手操作的劳动技能以及感受到制作幼儿食品的快乐和满足感。

📖 任务实施

一、知识学习

幼儿饮食糕点制作选择一些易于消化的、富含营养的食材，如谷物、蔬菜和水果以及适量添加一些富含蛋白质、钙、铁、锌的食物。一些常见的幼儿糕点包括小饼干、小蛋糕、小面包以及馅饼等。

1. 幼儿饮食的特殊性

（1）幼儿的咀嚼和吞咽能力还没有发育完全，容易被食物卡住，因此在制作糕点时要选用易于幼儿嚼碎或是能够切成小块的食材。

（2）幼儿的胃容量相对较小，建议每次食用时应当适量，不要贪多。

（3）幼儿的消化和吸收能力还没有发育完全，在食物搭配方面，要考虑营养均衡和易于消化。

2. 制作幼儿糕点时的注意事项

（1）选用新鲜、营养丰富的食材。

（2）注意与其他食品的搭配，尽可能保证幼儿的三餐营养均衡。

（3）在制作时，需要注意所选食材的清洗和消毒，以确保幼儿糕点的质量和卫生安全。

（4）在烤制或蒸制糕点时，需要注意温度和时间的控制，以免糕点烤焦或者糕点过生，影响幼儿食用。

3. 任务准备

110克低筋面粉，1/4茶匙泡打粉，1/4茶匙小苏打（小苏打也可以用泡打粉代替），3个鸡蛋，室温软化，100克砂糖，分2次慢慢加入，2汤匙植物油，1茶匙香草精，一些芝麻，1/4杯蜂蜜，奶油霜，1杯奶油（约240毫升），室温软化，1/4杯糖粉，1茶匙香草精。

4. 具体操作

（1）分小组准备小的糕体。将烤箱预热至175℃，然后将直径约20厘米的圆形烤盘底部铺上油纸，并在蛋糕体的表面涂上油脂，以免蛋糕粘在烤盘的底部，把低筋面粉、泡打粉和小苏打混合均匀备用。

（2）打发鸡蛋。使用手动打蛋器或电动搅拌器将鸡蛋打发（5—7分钟），接着加入白糖，分两次加，其一次加一半的白糖，后再加入另一半的白糖搅拌至均匀。

（3）将面粉类材料加入混合物。把面粉类材料过筛后，分次加入蛋糊中，每次一定要充分搅拌均匀，不要出现大块和干面粉，最后加入植物油和香草精。

图5-2-1　面粉团

（4）烤箱预热。将面糊倒入烤盘中，摇晃一下，要在烤盘中形成一个均匀的层。然后将烤盘放入预热好的烤箱中烘烤20—25分钟，或者用牙签插入蛋糕的中心，直至牙签能够干净地拔出。

图5-2-2　放入烤箱

（5）做奶油霜。使用一个干燥、清洁的碗和打蛋器，将室温软化的75克奶油和糖以快速打到它变得发白，需要2—3分钟。然后加入香草精，搅拌均匀。

（6）装饰。在每个糕点中心位置留出一块空间，将混合好的芝麻均匀地放在糕点上面。

图5-2-3　糕点成品

任务评价

表5-2-1　制作点心的评价表

评价项目	评价内容	自评	组评	师评
操作流程	A.正确进行餐具消毒。 B.全面做好个人卫生。 C.食材完好、新鲜			
	A.糕点造型有童趣。 B.味道纯正、口感好。 C.制作技能熟练			
职业素养	A.认真、积极、主动参与。 B.团队协作较好。 C.坚持完成任务			
总评				
备注	AA——优秀；A——良好；无A则加油			

📖 成果展示

分小组展示幼儿糕点，大家一起来品尝、点评制作出来的幼儿糕点。

📖 实践感悟

通过这次幼儿糕点制作，谈一谈你在幼儿食品卫生方面的注意事项和团队协作方面的感想？

_____

_____

_____

📖 拓展

1. 观看电影《食品少年》。
2. 阅读书籍《云朵面包》、"大排长龙"系列。

思考：

如果你是一个幼儿教师，你将用什么方式带给孩子们幸福和快乐呢？

任务三　幼儿卫生

　　在对幼儿的照护中，拥有良好的卫生习惯，对于幼儿的健康和成长有着积极的影响。对幼儿的头发和皮肤定期清洁，能减少细菌和污垢的积累，可以预防感染和疾病的发生；适当地洗头洗澡可以促进幼儿的血液循环，刺激幼儿免疫系统的发育，提高身体的抵抗力，减少疾病的发生。

📖 学习目标

1. 思政目标

　　培养责任心、爱心和耐心，强化责任感，进一步锤炼照护幼儿的劳动技能，提高职业道德素养。

2. 知识目标

　　掌握幼儿洗澡和洗头的必备知识和技能，学习基本的卫生常识和安全知识，加强与幼儿互动沟通能力，提高对幼儿的认知和理解。

3. 实践目标

　　通过实践操作，提高学生动手操作的劳动技能，促进学生对幼儿保育的深入了解，为今后从事幼儿保育工作打下扎实的劳动基础。

📖 **任务实施**

一、幼儿卫生知识

1. 饮食卫生

定期对幼儿使用过的餐具进行消毒，食物要尽量新鲜、清淡，且要营养均衡。

2. 睡眠卫生

幼儿睡觉时房间内要安静、舒适、温暖，定期更换床单、被套、枕头等床上用品。不能让幼儿睡前吃得过饱或太饿，不能让幼儿太过兴奋，要使他们保持心情平静。

3. 个人卫生

勤洗手、勤洗澡、勤换衣服、勤剪指甲等。避免幼儿用手去触摸他们的眼睛、嘴巴、鼻子等容易感染的部位。

4. 运动卫生

适当的运动可以增强幼儿的体质和免疫力，但要注意适量、适当。不要在烈日下长时间暴晒，防止中暑。运动时要注意穿宽松的运动衣。

5. 疾病预防

按时对幼儿进行体检和疫苗接种，预防传染病和慢性病。

二、任务准备

1. 物品清单

毛巾1条、幼儿专用沐浴露1瓶、幼儿专用洗发水1瓶、漱口杯1个、梳子1把、洗脸盆1个、热水、冷水、浴巾1条、婴儿油1瓶、消毒液1瓶、洗浴缸1个。

2. 检查物品

检查所有洗澡和洗头的工具准备是否充足，并保证所有物品要卫生和安全。

三、具体操作

1. 调制温水

当调制温水时，保证水温适中，可以使用温度计确保水温在38℃左右。

2. 洗澡

为幼儿脱去所有衣物，将幼儿放进洗浴缸中，对幼儿的身体进行按摩清洗，洗完后用干浴巾擦干身体，尽量避免用力过猛导致幼儿皮肤受伤或过度摩擦幼儿。

图5-3-1　按摩　　　　　　　　　　图5-3-2　擦干水

3. 洗头

先将幼儿的头发梳顺，接着将幼儿的头发打湿，再用少量洗发水轻轻搓揉幼儿的头发，接着用手指沿发根轻轻按摩幼儿的头皮，再用清水冲掉幼儿头上的洗发水。在洗头的过程中，注意不要让洗发水进入幼儿的眼睛、鼻子和嘴巴，最后用干毛巾擦干幼儿的头发。

图5-3-3　按摩头皮　　　　　　　　图5-3-4　清洗

4. 抹油

在给幼儿抹婴儿油时，要先把婴儿油在自己手心焐热，再慢慢抹到幼儿的身上，注意抹油时要适量。

5. 打扫卫生

给幼儿清洗完毕后，及时清洁浴缸、毛巾、浴巾等有关洗澡的用品，避免滋生细菌，确保幼儿下次使用时的健康和安全。

📖 **任务评价**

表5-3-1 幼儿清洁评价表

评价项目	评价内容	自评	组评	师评
操作流程	A.测试水温，在37℃—38℃之间。 B.轻柔地脱去幼儿的衣物。 C.轻柔地对幼儿身体进行按摩清洗，方法正确			
	A.选用正确的幼儿洗浴用品。 B.及时用浴巾擦干幼儿身体表面的水分并抹润肤油。 C.及时给幼儿穿衣保暖			
	A.收拾洗浴房间卫生。 B.物品摆放回原位。 C.检查洗浴间的安全用电、用水			
职业素养	A.认真、积极、主动参与。 B.态度和蔼。 C.关爱幼儿			
总评				
备注	AAA——优秀；AA——良好；A——合格；无A则加油			

📖 **成果展示**

将操作流程制作成图文并茂的PPT演示稿，并且做出实物拼贴等成品，在学习通平台进行展示。

📖 实践感悟

通过本次活动，谈谈你对幼儿保育员的日常工作有哪些感触？作为幼儿保育专业的学生我们应该为未来的职业做出怎样的规划呢？

_____

_____

_____

📖 拓展

1. 观看电影《邋遢大王奇遇记》。

2. 阅读书籍《公主怎么挖鼻屎》。

思考：

1. 你如何看待母亲面对孩子的恐惧时，采用的一种非常有效的教育方式？

2. 你认为幼儿园的老师与家长应该如何帮助孩子克服洗澡、洗头的恐惧感，并加强对孩子的安全教育？

任务四　幼儿日常保健

体温是幼儿身体状况的重要指标，通过测量体温，可以了解幼儿的身体是否健康。

📖 学习目标

1. 思政目标

培养爱护生命、呵护生命的意识，明确生命健康的重要性，并将其融入日常生活中。

2. 知识目标

了解测量体温的基本原理；熟悉体温计的使用方法和注意事项；掌握正确的测量体温的方法。

3. 实践目标

通过实践操作，能够准确测量幼儿的体温，并能根据测量结果对幼儿进行相应的护理，锻炼照顾幼儿的劳动技能。

📖 **任务实施**

一、知识介绍

（一）幼儿保健

幼儿保健是指对0—6岁的幼儿进行健康防病、预防保健、康复治疗、心理卫生等全面综合性的保健服务，主要包括以下几个方面。

（1）幼儿疾病的防治，如传染病、慢性病等。

（2）幼儿生长、发育的评估与指导，重点关注幼儿体格发育、神经发育、智力发育等方面。

（3）幼儿营养与健康饮食指导，包括母乳喂养、婴幼儿配方奶、婴幼儿辅食、幼儿餐等。

（4）幼儿运动与锻炼指导，包括幼儿游泳、幼儿瑜伽、幼儿动感操等。

（5）幼儿心理及行为发展评估与指导，相关问题包括自闭症、多动症、情绪管理等。

（6）幼儿安全与意外伤害防范，如防溺水、防烫伤等。

（7）幼儿口腔保健，包括幼儿口腔卫生、龋齿预防、早期牙列诊断和矫治等。

（二）体温计

体温计是测量幼儿体温的必备工具，通常有以下种类。

1. 普通水银体温计

传统型体温计，测量准确，价格便宜，但不耐摔、易破损，且体温计里的汞对幼儿有害。

2. 电子体温计

利用电子技术测量体温，准确度高，使用方便，颜色、声音等辅助功能带来更好的用户体验，适合家用和医疗机构。

3. 红外线体温计

无须接触皮肤测量体温，非常适合幼儿测量。

（三）幼儿体温的范围

正常范围：36℃—37℃。

轻度发热：37.1℃—38℃。

中度发热：38.1℃—39℃。

高度发热：39.1℃以上。

（四）体温计的使用方法

1. 普通水银体温计

将其放在幼儿腋下或口腔内，等待5分钟左右后，取出温度计，放置在与眼睛持平的水平线上，并读取温度，注意不要摇晃体温计，避免温度波动。

2. 电子体温计和红外线体温计

根据说明书使用。通常是将探头放入幼儿口腔内或触碰皮肤测量。需要注意的是，使用电子体温计时要确保电池电量充足。

3. 清洁体温计

使用前和使用后都需要清洁消毒体温计，以避免传染病的扩散。

（五）测量幼儿体温时需要注意的事项

1. 选用可靠的体温计

常用的体温计有电子体温计、水银体温计等，要选择品牌好、质量可靠的体温计。

2. 测量时间

最好在早晨起床或中午午休后测量，避免在运动、进食、洗澡等情况下测量，以保证准确度。

3. 测量部位

幼儿耳温计、额温枪是比较方便的选择；对于年龄较小的婴幼儿，可以采用肛温或腋温。使用肛温或腋温时，需要将体温计放入幼儿体腔或者腋窝，保证部位干燥，注意不要压迫测量部位。

4. 操作方法

先清洁体温计，然后在幼儿的适当部位放入体温计，一段时间后取出读数，并将得数记录下来。

（六）正确记录体温

可以采用笔录或者专业的体温记录表格，并在表格上注明测量时的温度、时间、幼儿的测量部位等相关信息。

二、任务准备

准备体温计：电子体温计、红外线体温枪、额温枪、耳温计，口腔、肛门或腋下体温计，选择合适的体温计和免洗手消毒液。

三、具体操作

1. 消毒体温计。

2. 按照使用说明排气，将温度计放入幼儿的腋窝下。

3. 让幼儿抬起胳膊，确保体温计与皮肤接触。

4. 等待体温测试时间到后，取出体温计。

5. 记录体温读数。

6. 将已使用过的体温计消毒。

图5-4-1　放体温计

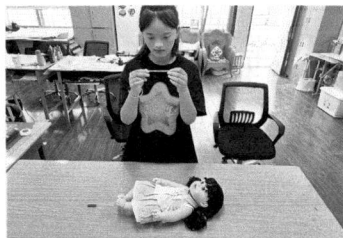

图5-4-2　读体温计

任务评价

表5-4-1　量体温的评价表

评价项目	评价内容	自评	组评	师评
操作流程	A.检查体温计,将体温计刻度恢复至标准刻度。 B.根据使用不同的体温计，在适当体位测量。 C.测量方法正确			
	A.能正确读取体温测量度数。 B.测量过程中及时关注并安抚幼儿情绪。 C.体温测量排除安全隐患			
职业素养	A.认真、积极、主动参与。 B.态度和蔼。 C.坚持完成任务			
总评				
备注	AAA—优秀；AA—良好；A—合格；无A则加油			

成果展示

将所有测量体温的结果汇总，生成图表及分析报告上传到学习通平台、家长微信群进行展示参与评比。

实践感悟

通过对幼儿的体温测量，你学到了哪些幼儿照护的知识？对此，还有什么好的建议吗？

_____

_____

拓展

阅读书籍《让孩子不发烧、不咳嗽、不积食》《儿童保健与食疗》。

思考：

如果你是幼儿园老师，你将如何去判断小朋友是否身体异常？

任务五 幼儿生活照护

兰兰今年4岁了，她的爸爸妈妈常年在西藏打工，一年难得回家一次。兰兰和爷爷奶奶生活在一起，爷爷奶奶农活多，时常顾不上她，她的小手总是脏兮兮的，衣服扣子也常扣错，鞋子也会反着穿。在村里，像兰兰这样的留守儿童还有好几个。村委会想成立一个童伴照护小组，招募幼儿生活照护志愿者，利用周末、节假日对留守儿童进行生活照护。

如果你成为一名留守儿童生活照护志愿者，你会如何开展留守儿童的生活照护呢？

📖 学习目标

1. 熟记幼儿穿衣原则和顺序。

2. 指导幼儿完成自我照护劳动，并总结劳动照护经验。

3. 主动承担照护任务，积极探索适合自己的照护技巧。

📖 任务实施

一、知识学习

1. 幼儿穿衣原则

保暖、舒适、方便、安全、美观。

2. 幼儿穿衣顺序

从上到下、从里到外，上衣→裤子→袜子→鞋子。

3. 幼儿最佳穿衣公式

气温+增加衣服的温度=26℃。

4. 幼儿洋葱穿衣法

多几层、薄一点、易穿脱。

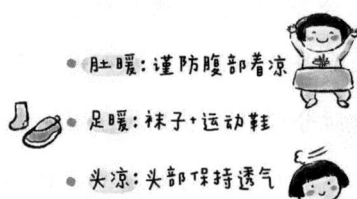

（a）洋葱穿衣法则　　　　　　（b）两暖一凉法则

（c）不同温度穿衣指南

图5-5-1　幼儿穿衣指南（图片转自乔智大叔工作室）

二、任务准备

1. 衣物准备

将叠好的衣服、裤子放于指定位置，袜子翻正放于鞋内，鞋按正反顺序放于床下便于幼儿拿到的地方。

2. 消毒工具准备

手部消毒剂一瓶。

三、具体实施

（一）穿套头衣服

1.取衣服，正面朝下，背面朝上。

2.两手捏住衣服两侧，尽量将衣服堆叠至领口。

3.头钻入领口，两手扩领口以帮助头钻出。

4.两手依次伸出袖口。

5.双手捏住衣服两侧下段，向下拉，整理衣服。

（a）堆叠衣服

（b）套头

（c）扩领口

（d）伸袖子（1）

（e）伸袖子（2）

（f）整理衣服

图5-5-2　穿套头衣服

（二）穿开襟衣服

方法一：

1. 取衣服，背面朝里，正面朝外。

2. 双手抓住肩部中间，向后甩衣服，将衣服披在肩上。

3. 一侧手拉出内衣袖子并拽住，手握成拳头状，钻出袖子，另一侧手拉住衣服，防止衣服掉落。

4. 整理衣领，对齐纽扣或拉链，自上而下或自下而上系好扣子或拉好拉链。

5. 双手捏住衣服两侧下段，向下拉，整理衣服。

6. 检查扣子是否对齐，衣领是否平展。

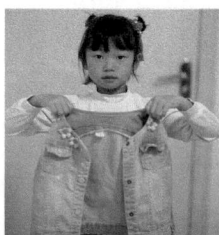

（a）取衣服

（b）甩衣服

（c）抓衣袖

（d）伸袖子

（e）扣扣子

（f）整理衣服

图5-5-3 穿开襟衣服

方法二：（有帽子的开襟衣服）

1. 找到帽子，拉住帽子顶端，背面朝里，正面朝外。

2.双手抓住帽子往后甩，将帽子戴于头上。

3.一侧手拉出内衣袖子并拽住，手握成拳头状，钻出袖子，另一侧手拉住衣服，防止衣服掉落。

4.整理衣领，对齐纽扣或拉链，自上而下或自下而上系好扣子或拉好拉链。

5.双手捏住衣服两侧下段，向下拉，整理衣服。

6.检查扣子是否对齐，衣领是否平展。

（a）取衣服　　　　（b）甩衣服　　　　（c）戴帽子

（d）伸袖子（1）　　（e）伸袖子（2）　　（f）整理衣服

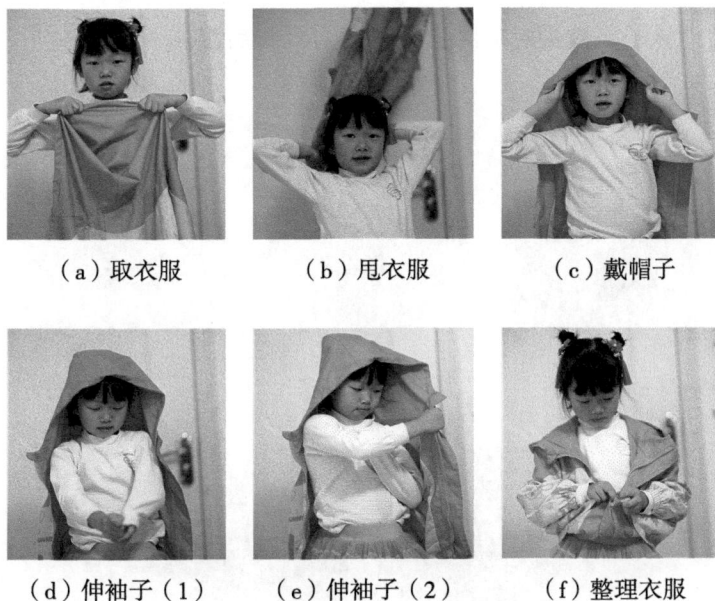

图5-5-4　穿有帽开襟衣服

（三）穿裤子

1.取裤子，先辨别裤子里外前后，前朝上，后朝下。

2.双手提住裤腰，将腿依次伸进对应裤腿内。

3.将裤子提至腰上。

4.检查两条腿是否分别伸进左右裤腿内；裤子是否提正，整理裤子。

注意事项：秋冬季节，幼儿穿上秋裤时，为防止在穿外裤时秋裤往上蹿，应指导幼儿先穿袜子，将秋裤裤脚扎进袜子里，再按外裤步骤穿着。

（四）穿袜子

1. 将袜子袜面朝上，袜尖朝前。

2. 大拇指在内，四指在外，两手捏住袜口并撑开。

3. 两手将袜筒堆叠到袜后跟。

4. 将袜子套在脚尖，再拉到脚跟处，提好袜筒。

5. 整理袜子，袜尖对准脚尖，袜跟对准脚后跟。

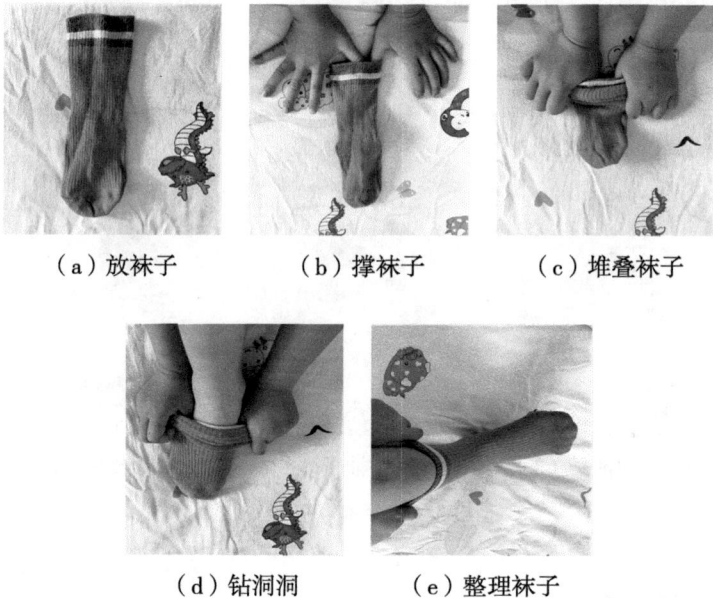

（a）放袜子　　　　（b）撑袜子　　　　（c）堆叠袜子

（d）钻洞洞　　　　（e）整理袜子

图5-5-5　穿袜子

（五）穿鞋子

1. 粘扣鞋

（1）将鞋按左右顺序摆正，鞋头朝前。

（2）拉开粘扣，使鞋子空间宽松。

（3）双脚分别伸进鞋子里，脚指头用力往前顶。

（4）提上鞋后跟。

（5）粘上粘扣。

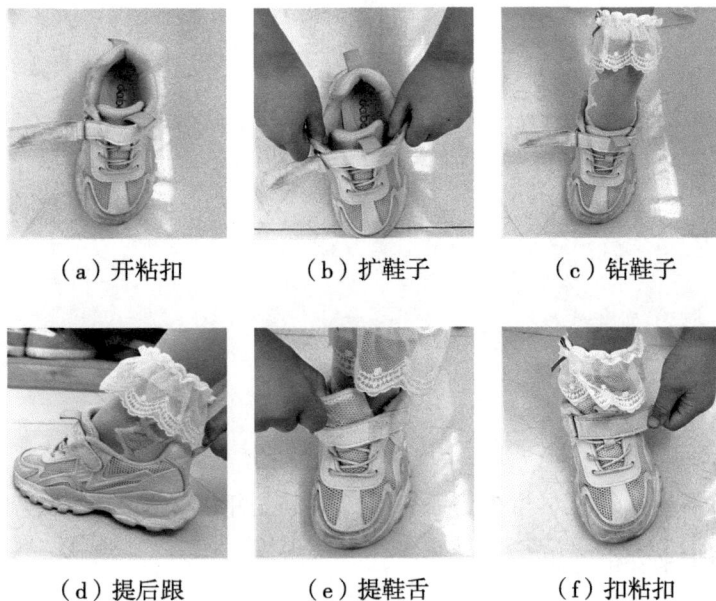

（a）开粘扣　　　　　（b）扩鞋子　　　　　（c）钻鞋子

（d）提后跟　　　　　（e）提鞋舌　　　　　（f）扣粘扣

图5-5-6　穿粘扣鞋

2. 系带鞋

（1）将鞋按左右顺序摆正，鞋头朝前。

（2）松开鞋带，使鞋子空间宽松。

（3）双脚分别伸进鞋子里，往里的同时可左右蠕动。

（4）提上鞋后跟。

（5）拉紧鞋带，左右交叉鞋带，再适度拉紧。

（6）系上蝴蝶结。

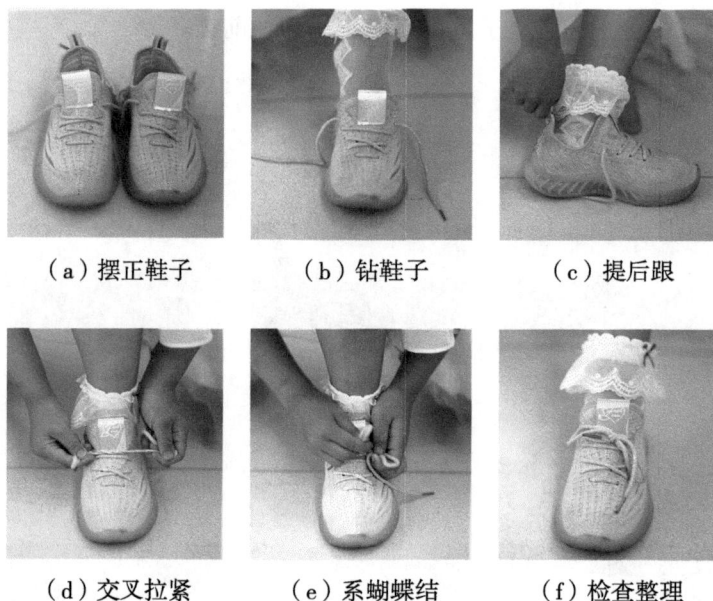

（a）摆正鞋子　　　　（b）钻鞋子　　　　（c）提后跟

（d）交叉拉紧　　　　（e）系蝴蝶结　　　　（f）检查整理

图5-5-7　穿系带鞋

注意事项：幼儿尽量少穿系带鞋，尤其是年龄较小的幼儿，避免因鞋带松开而带来安全隐患。

任务评价

表5-5-1　照护幼儿的评价表

类别	评价内容	得分标准	自我评价	组内评价	教师评价	总评
任务标准	劳动精神	A.积极承担照护任务，主动处理照护中的问题。 B.有选择地承担照护任务。 C.不主动承担照护任务				
	劳动态度	A.热情、耐心、细心、爱心。 B.偶有不细心、不耐烦。 C.全程敷衍了事，不耐烦				

续 表

类别	评价内容	得分标准	自我评价	组内评价	教师评价	总评
任务标准	劳动技能	A.熟练、标准，创造性地解决照护问题。 B.不熟练，偶有出错。 C.不会照护				
	劳动效果	A.幼儿基本学会自我生活照护。 B.幼儿在帮助下才能完成自我照护。 C.幼儿未学会				
说明		AAA——优秀；AA——良好；A——合格；无A则加油				

📖 成果展示

请记录幼儿生活照护过程，详细捕捉自己照顾过程中的感受并在班内分享。

📖 实践感悟

通过这次幼儿照护活动，你对幼儿生活照护有何新的认识？

_____

_____

_____

📖 拓展

保育员的一天

8：00—8：10　到食堂抬开水。

8：10—8：30　用84消毒液擦抹茶杯架、桌椅、玩具柜、门窗、楼梯扶手、窗台、钢琴等幼儿活动能够触摸到的地方，整理室内物品分类并有序置放。

8：30—9：00　扫拖室外阳台及楼梯，冲洗卫生间。

9：00—9：20　两巾叠整齐放食堂消毒。

10：55—11：10　到食堂挑饭和餐具，准备消毒好的擦嘴巾。

11：10—11：40　分饭菜，抹幼儿掉在桌上的饭菜。提醒幼儿漱口、擦嘴。

11：40—12：00　抹桌，扫拖活动室、卫生间地面，冲洗卫生间。

12：00—13：30　组织幼儿休息，来回巡视。

13：30—14：30　清洗消毒暴晒擦嘴巾、洗脸巾。（每隔几分钟巡视休息的幼儿），填写交接班登记卫生打扫及消毒记录。

14：30—15：00　帮助幼儿起床，冲洗卫生间，帮助幼儿梳头。

15：00—15：10　放幼儿饭匙到食堂消毒，领点心前桌面消毒。

15：10—15：30　组织幼儿吃点心及点心后的桌面卫生清理。

15：30—16：30　扫拖休息室卫生间，洗茶杯、洗擦脸手巾。

16：30—16：45　整理幼儿衣物，做好离园准备。

16：45—17：30　扫拖室外阳台及楼梯、洗茶杯、两巾叠整齐消毒备用，冲洗卫生间（异味重需用洗厕剂刷洗），开紫外线消毒灯，拖把、簸箕、抹布等卫生打扫工具要分类整齐放置隐蔽的地方，茶杯和茶桶放置食堂。

17：30　离园。

思考：

看了保育员一日工作流程，你对自己未来的职业有何规划？对目前开设的保育专业课程有何规划？

6

模块六

手工劳动技能

任务一　编织锦绣花篮

在清洁校园过程中随处可见能通过改造、美化生活的材料，如矿泉水瓶、易拉罐、奶茶杯等。通过工艺美术、手工劳动能创造出不同的手工作品，感受劳动的价值、劳动的快乐。

学习目标

1. 学习利用废旧材料制作手工作品的方法技巧。

2. 在清洁校园过程中收集如饮料瓶、奶茶杯、易拉罐等废旧材料制作花篮。

3. 培育中职生热爱校园、热爱生活、热爱劳动的精神。

任务实施

一、任务准备

剪刀、饮料瓶、马克笔、热熔胶、双面胶。

二、知识储备

1. 构图

我们对画面组织结构进行理性分析，即创作花篮时根据题材和主题思想的要求，把要表现的形象适当地组织起来，构成一个协调的完整的画面。

2. 创意

寻找花篮实物的造型组成部分，抓住基本型进行实物独创。

3. 编织

将饮料瓶切割，用手工进行编织。编织是一种技术，也是一次手指的运动。

4. 色彩解读

通过研读经典图例归纳出羌族图案的色调规律与配色规律。

三、具体实施

1. 收集环保手工作品

（1）通过网络资源收集。

（2）自选3张作品课堂分享。

2. 构思设计

运用校园生活中随处丢弃的饮料瓶，制作工艺花篮作品。

（1）设计草图。根据选取的图片素材进行重组，设计自己的花篮图。

（2）技法选择。羌族人民在生活当中有很多竹编用具，在本课中选用竹编技法"压一挑一"编织法来制作。

3. 实践

手工花篮实施过程：

（1）把清洁校园环境时收集的废旧材料进行分类，选取适合制作手工花篮的材料。

图6-1-1　收集废旧材料

（2）根据设计稿选取与自己构思的造型吻合的饮料瓶。

（3）根据造型对饮料瓶进行切割，剪切出2毫米同等宽度的细条。

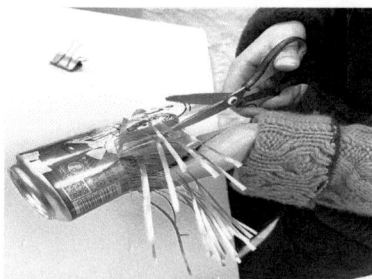

图6-1-2　用剪刀将易拉罐剪切
出2毫米同等宽度的细条

图6-1-3　用剪刀将塑料瓶剪切
出1厘米同等宽度的细条

（4）根据造型进行编织。

①"压一挑一"编织法。先将细条排列好，按照一根细条在上、一根细条在下交织进行编织。

图6-1-4　"压一挑一"编织法

② 编织完成将其剪下贴至塑料瓶。

图6-1-5　贴至塑料瓶

③ 为花篮制作提手或挂顶。

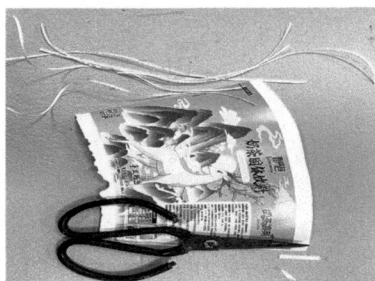

图6-1-6　用剪刀将奶茶杯顺势
剪成2毫米同等宽度的细条

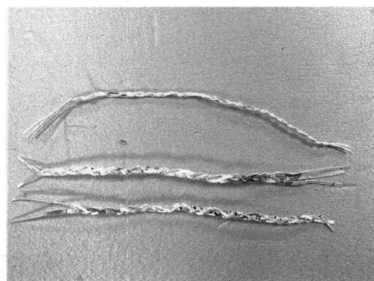

图6-1-7　用编三股麻花辫的技法
将细条编成六条，三条编一股，组
合固定贴在瓶口内侧

📖 任务评价

表6-1-1　编织花篮的评价表

类别	内容	得分标准	自评	组评	师评	总评
任务标准	1.态度	A.积极配合、独立完成个人作品。 B.合作完成。 C.作品完整度低				
	2.技能	A.作品制作精良，编织技艺精湛、多样。 B.技法单一。 C.作品完成度低				

续 表

类别	内容	得分标准	自评	组评	师评	总评
任务标准	3.创新	A.构思精巧，自主完成过程中呈现美学理念。 B.借鉴他人作品，没有自我意识。 C.临摹完成，缺乏自我创新意识				
说明		AAA——优；AA——良好；A——合格；无A则加油				

📖 成果展示

展示完整的手工花篮作品。

📖 实践感悟

通过本课劳动实践学习，传统竹编技法最吸引你的地方是什么？

_____

_____

_____

📖 拓展

观看纪录片《竹艺人生：四十年的守护与传承》。

思考：

根据竹编技艺的传承与创新理解，请思考在学习生活中还可以制作哪些劳动工艺作品？

任务二　傲立群芳

高原的阳光下，羊角花坚挺绽放，就像高原的人民一样乐观、积极。在开展整洁校园图书馆书籍、杂志、期刊、报纸公益活动中，整理过期的杂志和报纸，将其作为制作劳动工艺品——高山羊角花的素材，把工艺成品拿来装饰教室和寝室，可以营造出不同的文化氛围。

学习目标

1. 清洁校园废旧材料。
2. 学习利用废旧材料（校园过期杂志、报纸）制作劳动工艺美化教室。
3. 培育中职生热情、苦干的劳动品质。

任务实施

一、任务准备

工具：剪刀、刻刀、废旧杂志、报纸、胶水、双面胶。

二、知识储备

1. 构思设计

在研读经典手工花卉作品的过程中，借鉴构思方式，在小组学习交流中，完成自己作品的构思，设计符合现代美学理念的劳动作品。

2. 折纸

用获取的各种不同材质、颜色的废旧纸张，采用叠、压、刻等劳动技能制作预设的花卉植物造型。

3. 拼贴

选用花卉植物造型所需的不同材质的纸张、颜色，用组合、粘贴、重组的劳动技法，拼贴出不同形状的造型，制作出美的视觉观感。

4. 创新制作

根据设计思维，选择不同劳动技能技法制作出各种形式的花卉造型。

三、具体实施

（一）创意设计

1. 通过图书馆、网络资源、生活中的花卉，收集创意花卉手工作品资料。

2. 小组分享讨论作品设计构思、制作技法。

3. 发布任务单，设计各种形式羊角花造型样式。

表6-2-1　羊角花造型

任务单			
主题	"羊角花"	技法	工具
造型	盛开花瓣	折纸	选择较软材质、表面光滑的正方形纸张
	花苞	折纸	选择较软材质、表面光滑的正方形纸张
	枝干	卷压	颜色适合的纸张、白乳胶
	枝叶	剪贴	剪刀、双面胶

（二）材料筛选

1. 基于自己设计的花卉劳动技能作品，去收集整理校园内的过期杂志、报纸，从中筛选出自己作品所需的不同材质纸张。如有些花瓣呈现光滑肌理、颗粒感肌理、轻盈透明肌理，我们则要选用适宜的材质。

2. 植物花卉本身色彩丰富多样，如单一、渐变、对比。同学可根据自己的劳动技能作品选择不同颜色，如有些花瓣颜色呈现出单一色，有些花瓣颜色呈现出渐变色，有些花瓣颜色呈现出对比色。

（三）技能操作

1. 收集筛选废旧纸张，材质、颜色要与花的造型切合

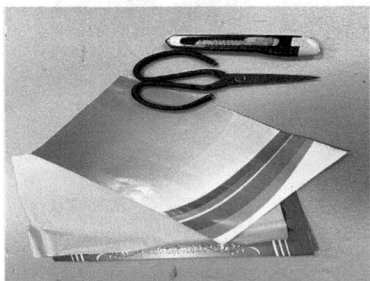

图6-2-1　准备材料

图6-2-2　废旧纸张

2. 制作羊角花的造型（自行选择盛开花瓣、花苞造型）

（1）花朵的造型（盛开）

图6-2-3　盛开的羊角花造型

步骤如下：

（a）　　　　　（b）　　　　　（c）

图6-2-4　边对边对折；右下角往中间线对折；左下角往交叉点折

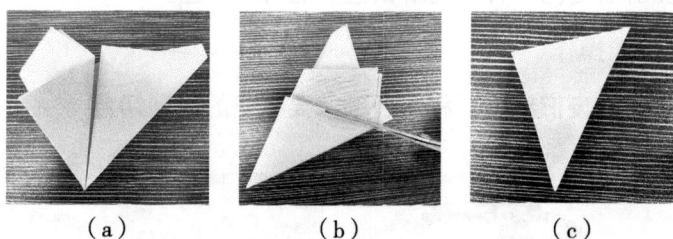

（a）　　　　　（b）　　　　　（c）

图6-2-5　左边往外折，右边往左边对折，再往后对折；剪刀
剪平前面三角形

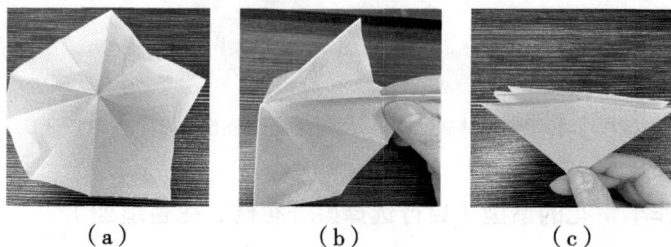

（a）　　　　　（b）　　　　　（c）

图6-2-6　打开呈正五边形，把正五边形中长的对角线对折，
折出重叠的三角形

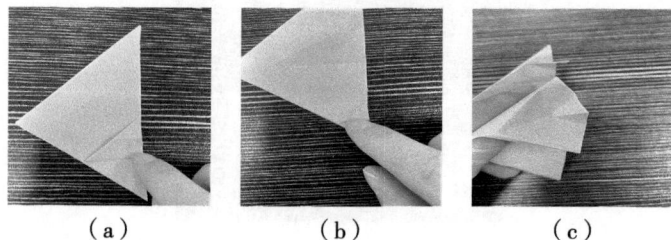

（a）　　　　　（b）　　　　　（c）

图6-2-7　把三角形其中一边往中间对折，再对折一次
（注：剩下的边按照同样的方法折）

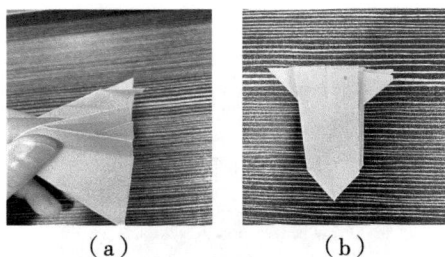

（a） （b）

图6-2-8 把第一条折痕往外折凸起，把尖角折凸，第
二条折痕就往下折（注：其余四边用同样的方法折）

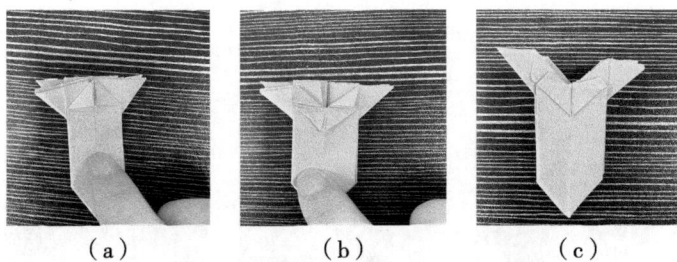

（a） （b） （c）

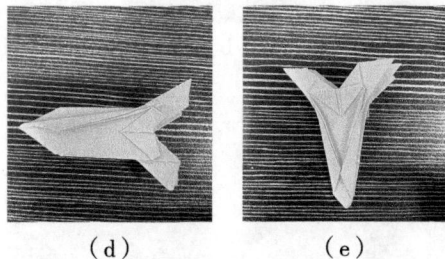

（d） （e）

图6-2-9 往中间对折，往下折出三角形（注：其余四面用同样的方
法）；同一个方向往中间线对折（注：其余四边用同样的方法折）

（a） （b） （c）

图6-2-10 打开花瓣，用笔卷出花瓣弧度，完成

（2）花苞的造型

图6-2-11 花苞造型

步骤如下：

（a）　　　　　　（b）　　　　　　（c）

（d）　　　　　　（e）

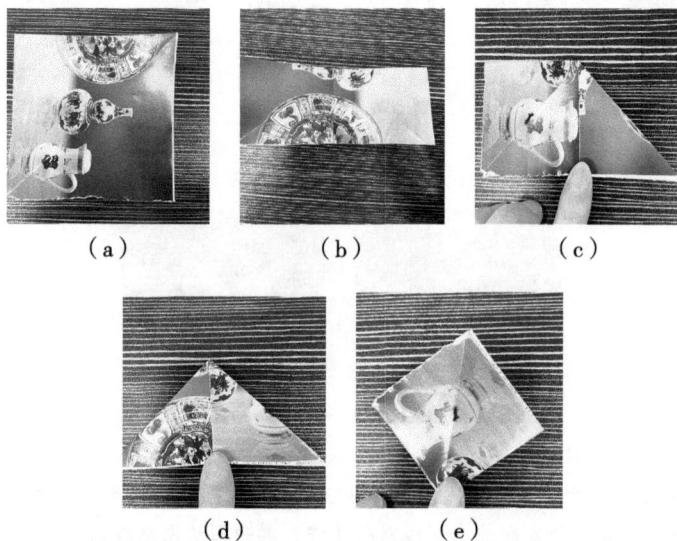

图6-2-12 将正方形纸对折成长方形，折好的三角形前面的一段长条向
三角形方向折叠，正反面一样折叠；将三角形撑开折叠成四边形

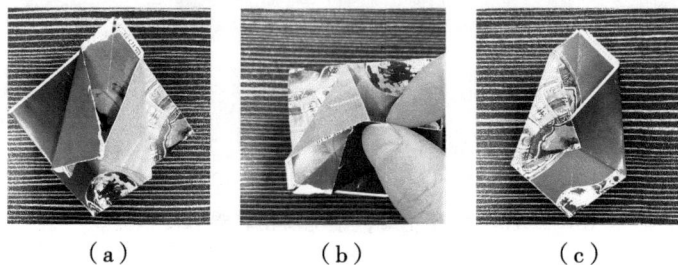

（a）　　　　　　（b）　　　　　　（c）

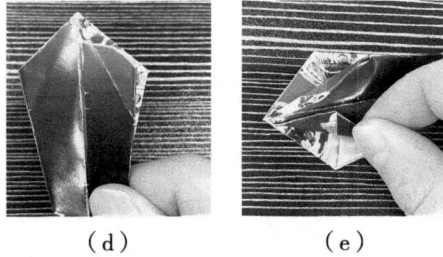

图6-2-13　把四边形开口方向的一边竖起沿着中间的折痕往里折，对边用同样的方法折，将一边角穿插在另一边里面。同理，反面用同样方法折；两面对称折好后，把纸片沿着折痕往里折，将三角形掩盖起来，这时把顶部尖角部分向中间线对折，反面用同样方法折

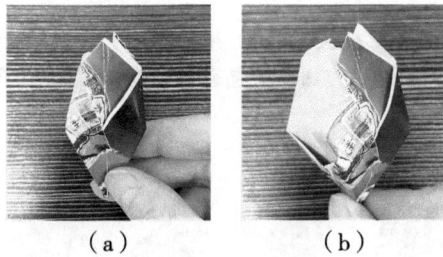

图6-2-14　将折好的纸拿在手里，用嘴在纸开口处轻吹，使之鼓起来，变得饱满

（3）花蕊的造型

图6-2-15　花蕊造型

步骤如下：

（a）　　　　　　　（b）

（c）　　　　　　　（d）

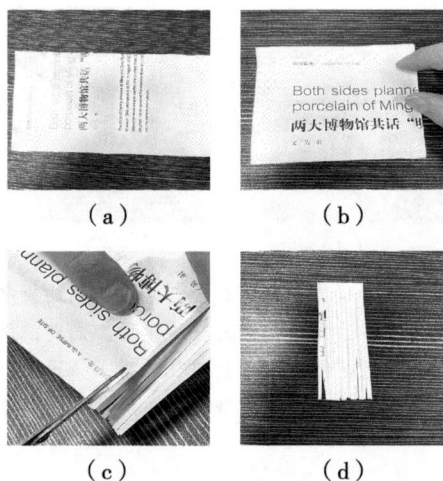

图6-2-16　将一张长方形纸对折，用剪刀沿着边缘剪出同等宽度的细
条，将细条边缘以打圈方式包裹起来，收尾处用双面胶粘贴

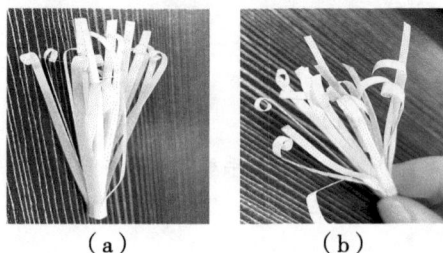

（a）　　　　　　　（b）

图6-2-17　用大拇指和食指捻搓细条顶端，搓出卷曲形状。再根据花
朵大小调节花蕊的长度（注：花蕊的粗细也根据花朵造型定）

（4）枝干、枝叶

（a）　　　　　（b）　　　　　（c）

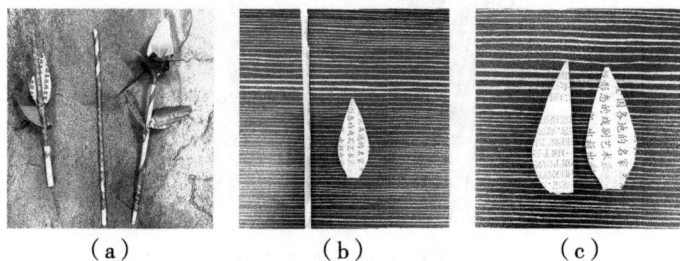

图6-2-18　枝干和枝叶

3. 根据设计构思制作不同大小的羊角花造型

图6-2-19 不同大小的羊角花造型

4. 根据羊角花卉造型进行粘贴、组合、重构以及搭配花叶、花枝

（a） （b） （c）

（d） （e）

图6-2-20 粘贴、组合、重构以及搭配花叶、花枝

📖 **任务评价**

表6-2-2　制作羊角花的评价表

类别	内容	得分标准	自评	组评	师评
任务标准	1.态度	A.积极配合、独立完成个人作品。 B.合作完成。 C.作品完整度低			
	2.技能	A.作品制作精良，技艺精湛。 B.能正确使用各种劳动技艺。 C.作品完成度低			
	3.创新	A.构思精巧，自主完成过程中呈现美学理念。 B.借鉴他人作品，没有自我意识。 C.临摹完成，缺乏自我创新意识			
总评					
备注	AAA——优秀；AA——良好；A——合格；无A则加油				

📖 **成果展示**

　　请将完成的羊角花造型作品按照小组进行摆放展示，再将其用到教室或者寝室的环境美化中，通过评比，将获奖的优秀作品在学校平台进行展示。

📖 **实践感悟**

　　在本课制作羊角花的实践中你有哪些收获？请将你的创意给大家说一说。

_____

_____

📖 拓展

阅读《中国文化报》《力量美 创造美 奋斗美——美术作品中的劳动之美》。

思考：

劳动能够给生活带来意想不到的美好。请走近身边的劳动者，找一找他们创造美好生活的故事。

任务三　巧思装饰花篮

　　中华民族历史悠久，经过几千年的发展与积淀，形成了丰富的传统文化元素。学习领略中国传统手工艺的魅力，有助于提高审美素养、发掘想象力和创造力，开阔视野。

学习目标

　　1. 清洁收集校园废旧材料。

　　2. 运用羌族民间技艺编织、拼贴技法制作羌族经典图案装饰手工花篮。

　　3. 培育中职生专心致志、不懈坚持的劳动品质。

任务实施

一、任务准备

工具：剪刀、刻刀、铅笔、各种废旧饮料瓶、拷贝纸。

二、知识储备

1. 色彩解读

通过研读羌族经典图案作品归纳出作品色调规律与配色规律。

2. 切割

将饮料瓶身用某种工具进行水平或垂直的剖分，获得劳动编织所需的工艺材质。

3. 编织

将饮料瓶切割出细条，用手工进行编艺，如"压一挑一"编织、缠绕编织等，结合作品所需装饰劳动作品。

4. 拼贴

编织完成的衬底、图案用组合、粘贴、重组的劳动技法，拼贴出羌族经典图案的造型，制作出美的视觉观感。

5. 装饰

偏重表现形式，在花篮的表面添加附属东西，使之更美观。

三、具体操作

（一）收集、切割

1. 网络资源收集工艺花篮作品素材并分析装饰理念、劳动技法。

2. 收集校园不同样式的饮料瓶。

3. 筛选自己作品所需材质颜色的饮料瓶进行切割。（本课选用奶茶杯）

（二）设计图案

运用校园中废旧的饮料瓶，装饰工艺花篮。基于"编织锦绣花篮""傲立群芳"两课教学中花篮、羊角花卉的制作设计理念，强化羌族经典图案的民间寓意及色彩规律，利用羌族民间编织、拼贴技法编织经典图案装饰现有的工艺花篮。

1. 收集羌族经典图片。

2. 画出适合图式草图：羊头、羊皮鼓表面图式。

图6-3-1 羌族经典图片（1）

图6-3-2 羌族经典图片（2）

图6-3-3 羊头、羊皮鼓表面图式

（三）技能实践

1. 根据作品需要将不同颜色饮料瓶切割成不同大小的线条，根据饮料瓶直径确定编织长度，如粗线条、细线条。

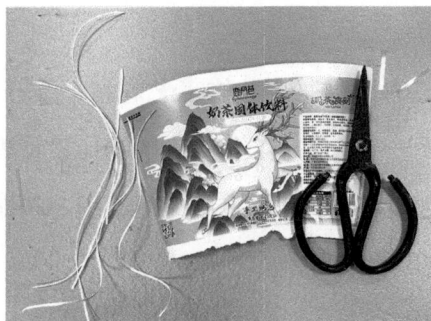

图6-3-4 材料

2. 用切割粗线用"压—挑—"编织技法装饰花篮瓶身的衬底。

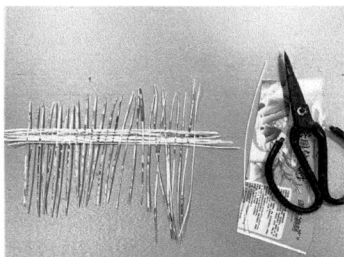
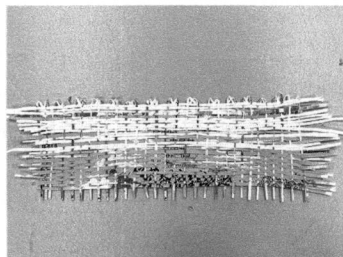

图6-3-5　裁剪　　　　　　　图6-3-6　编织

3. 设计羌族经典图案，根据花篮周长，确定图案大小。

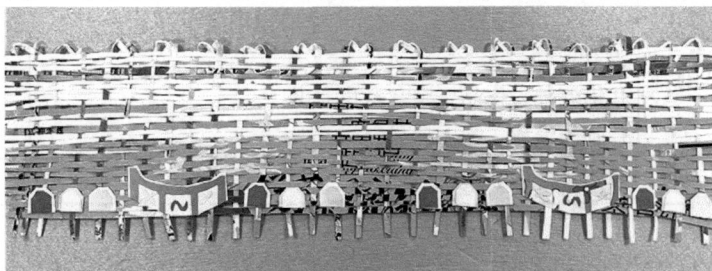

图6-3-7　设计图案

4. 图案用组合、粘贴、重组的劳动技法，拼贴出不同形状的造型装饰花篮。

图6-3-8　组合　　　　图6-3-9　粘贴　　　　图6-3-10　完成

任务评价

表6-3-1　装饰花篮的评价表

类别	内容	得分标准	自我评价	组内评价	教师评价	总评
任务标准	1.态度	A.积极配合、独立完成个人作品。 B.合作完成。 C.作品完整度低				
	2.技能	A.技艺符合工艺制作要求，突出装饰感。 B.作品结构合理。 C.作品完成度低				
	3.创新	A.构思精巧，自主完成过程中突出图案文化品位 B.借鉴他人作品，没有自我意识。 C.临摹完成，缺乏自我创新意识				
说明	AAA——优秀；AA——良好；A——合格；无A则加油					

成果展示

请小组长组织本组同学对装饰的花篮成品进行展示，评出最佳作品摆放到美术室。

实践感悟

1.你在实践活动中遇到了哪些困难，又是如何解决的呢？

_____

_____

2.你认为如何才能更好地将民族文化融入手工劳动作品中？

_____

_____

拓展

观看纪录片《黄宝妹》。

思考：

通过网络视频资源了解，收集更多的民族特色手工劳动作品，讲讲优秀民间艺人的故事。

任务四　花团锦簇

中国传统插花艺术在生活中很常见，也深受大家喜爱。我们将制作完成的手工编织花篮、各式羊角花卉成品及羌族编织图案，组合成有创意、形式多样的劳动作品，来感受艺术之美、劳动之美。

学习目标

1. 整理用废旧材料制作完成的手工花篮、花卉作品。

2. 运用已制作完成的劳动作品元素，通过预设方案形成多种插花劳动作品。

3. 培育中职生有始有终、珍惜劳动成果的劳动品质。

任务实施

一、任务准备

工具：剪刀、双面胶、装饰花篮、各式羊角花、枝干。

二、知识储备

1. 艺术插花

以茎、叶、花、果等作为素材，经过一定的技术（如修剪、整枝和弯曲）和艺术（如构思、造型和设色）加工，组合创意生活美和人工美的花卉艺术品。

2. 基本花型

在中华花艺中，我们把最长的那枝称为"使枝"，以"使枝"参照基本花型，如直立型、倾斜型、平出型、平铺型和倒挂型。这些理论知识的引导有利于作品的品质提升。

3. 分割线形式构图

分割线形式构图是一种构图方式，我们可以在编织好的花篮中，运用黄金分割法思考如何形成主次关系与疏密聚散关系，使自己劳动作品组合花卉在形式上更加美观。运用插花艺术技法组合看似杂乱的手工花篮、羊角花，发现蕴藏在生活中最真实的构图美。

4. 劳动作品个性化特质

千人一面、形式雷同是作品制作的简单化和同质化，不利于创造劳动发展的未来，在劳动作品制作过程中引导学生感受劳动之美、自然之美、人文之善、意境之美，可以扩展学生的创造性思维发展，进而促进学生制作出符合审美法则且表达自己个性的劳动作品。

三、具体操作

（一）整理创意构思

（1）通过网络资源收集插花艺术作品资源。

（2）小组分享讨论作品设计构思、制作技法。

（3）画出自己劳动作品的设计草图。

图6-4-1　插花艺术作品　　　图6-4-2　设计草图

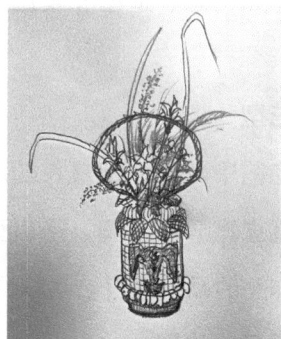

（二）制订劳动方案

表6-4-1　制订劳动方案

劳动人员	全班学生
劳动地点	幼儿保育实训室
劳动过程	1.教师播放插花课程视频教程。 2.了解插花艺术的基本知识。 3.准备插花配饰及工具：前三节课完成的手工编织花篮、各式羊角花卉成品、羌族编织装饰图案作品。 4.体验插花艺术的制作。 5.小组确定一种主题，合作完成。 6.作品评选

（三）组合创意作品

（1）将枝干用剪刀修剪成不同的长度，依次插在手工花篮的边缘部分（注意：插的时候注意角度、突出层次感）。

（2）用剪刀将对比色的羊角花（盛开）修剪一下，插在枝干旁边，铺满一圈为止。继续用剪刀修剪单色羊角花苞，将中间填满。

图6-4-3　插花　　　　图6-4-4　修饰花篮

（3）再剪一些半盛开的羊角花，装饰一些中间及边缘位置，使小花篮更加丰富好看。

（4）整理手提小花篮《花团锦簇》。

图6-4-5　装饰花篮　　　　图6-4-6　整理花篮

任务评价

表6-4-2　插花作品的评价表

类别	内容	得分标准	自评	组评	师评	总评
任务标准	1.态度	A.团结协助、积极参与。 B.合作完成。 C.作品完整度低				

续 表

类别	内容	得分标准	自评	组评	师评	总评
任务标准	2.技能	A.技巧娴熟，配制巧妙，色彩配合和谐。 B.操作熟练。 C.作品完成度低				
	3.创新	A.主题新颖，具有实用价值，能体现出艺术风格。 B.借鉴他人作品，没有自我意识。 C.临摹完成，缺乏自我创新意识				
说明	AAA——优秀；AA——良好；A——合格，无A则加油					

📖 成果展示

请以班级为单位，组织完成的插花作品参与校园手工劳动作品展。

📖 实践感悟

本课通过插花技艺收获了完整的花篮作品，你学到了哪些手工制作的技能？你认为还可以在哪些方面提升自己的能力？

_____

_____

📖 拓展

阅读书籍《劳动者的星辰》。

思考：

我们在做环境清洁、物品整理时，会将过时、废旧的物品进行处理，请你利用身边的废旧物品，进行再改造、再利用，展示自己更多的技能。